QUI SERA LE PROCHAIN MAÎTRE DU MONDE ?

FRANÇOIS LENGLET

QUI SERA LE PROCHAIN MAÎTRE DU MONDE ?

PLON
www.plon.fr

Ouvrage édité par Fabrice d'Almeida

92, avenue de France
75013 Paris
Tél. : 01 45 87 50 01
www.plon.fr
www.lisez.com

Mise en pages : Nord Compo
Dépôt légal : octobre 2025
ISBN : 978-2-259-32359-8

La première place

Tous les démons se sont réveillés. Les terroristes, les dictateurs, les empereurs avides de reconstituer leurs territoires entamés par les caprices de l'histoire. Du Proche-Orient à la péninsule coréenne, de la Russie à la mer de Chine, le monde est en ébullition. Les frontières cèdent. Les drones fondent sur les villes. Les missiles pleuvent. Les câbles sous-marins de communication sont sectionnés par des navires pirates, les attaques informatiques se multiplient, les droits de douane arrivent en rafale. Où est le temps de l'après-chute du Mur, lorsque la démocratie, la paix et l'économie de marché ne cessaient de gagner du terrain et qu'elles éclairaient progressivement la planète, repoussant l'ombre dans de lointaines contrées ? C'était il y a trente ans. Ce monde révolu semble pourtant aussi lointain que l'avant-1914.

À cette époque, nous avons cessé de nous poser la question fondamentale de la domination. Au XIXe siècle, la course pour l'hégémonie obsédait les gouvernants. De l'Europe à l'Amérique, chacun se demandait quel souverain imposerait son pouvoir. Puis Hitler ou Staline se sont rêvés en maîtres du monde. Et pendant la guerre froide, la lutte entre les deux empires a façonné l'imaginaire de plusieurs générations.

Ensuite est venu le temps des illusions. Le droit international allait régler les conflits. Des cours pénales internationales ont vu le jour et des poursuites ont permis l'arrestation des méchants candidats à la domination violente : Milošević, Taylor, Bemba, sans oublier al-Faqi al-Mahdi… La lutte contre les enfants guerriers, les génocides et les saccages allait bon train. La démocratie et le marché devaient mettre fin à tous les projets hégémoniques.

Et soudain, sans que l'on y prenne garde, la lutte s'est rouverte. Et tous les pays se sont replacés dans une étrange course mondiale. Sur la ligne de départ, nous les voyons avec leurs forces et leurs faiblesses. La question de savoir lequel des prétendants à la domination mondiale l'emportera revêt un caractère urgent, dramatique. Car le niveau et les modes de vie en dépendent, tout comme les droits dont nous pourrons jouir. Qui sera le prochain maître du monde, à hauteur de vie humaine, n'est plus une interrogation pour rire. Mais une question de survie.

Ainsi est né ce livre qui examine comment s'organise une lutte aux conséquences terribles pour les économies mondiales et pour celles de l'Europe et de la France. La course est lancée avec, en tête, ceux qui ont dominé le monde d'avant. L'actualité nous en donne chaque jour de nouvelles preuves.

L'Amérique, naguère soutien d'un ordre international qui nous faisait la part belle, à nous, Européens, se comporte en voyou. Conciliante avec les puissants, dominatrice avec les faibles, prédatrice avec ses alliés, elle fait désormais prévaloir ses intérêts sans retenue. Auparavant, elle déguisait sa volonté de puissance sous les habits d'un ordre mondial qu'elle avait façonné et qu'elle respectait. Désormais, elle récuse les accords internationaux sur le climat, sur la pénalisation de la corruption, sur la fiscalité internationale. Elle pratique le chantage dans tous les domaines, vend sa protection militaire ou stratégique contre des terres rares, rançonne les royaumes tributaires européens. Exactement comme un parrain de la mafia, qui prélève sa dîme sur toutes les transactions de son territoire. L'Europe, naguère coadjuteur de l'ordre mondial, redécouvre en geignant ce qui régit les relations internationales depuis des siècles : la loi du plus fort. Elle se courbe, appelant le président américain « papa » comme le Néerlandais Mark Rutte, obtempérant à ses caprices, capitulant sans conditions sur les fronts commercial, réglementaire et fiscal. Bruxelles, ville ouverte.

Le sentiment d'isolement et de déclassement de l'Europe est encore accru par la montée en puissance du Sud global, ce vaste ensemble qui regroupe les ex-colonisés de la planète. Hétéroclite et brinquebalant, traversé lui aussi de fractures et de rivalités, cet hémisphère entretient un puissant désir commun de revanche vis-à-vis de l'Occident, à tout le moins de ne plus se laisser dicter sa conduite. Il y a trente ans, alors que nous ne pouvions déjà plus imposer notre domination par la force, nous avions cru pouvoir le faire par les valeurs, le marché et la démocratie. Ils n'en veulent pas davantage aujourd'hui et revendiquent leur modèle de « démocrature », voire de régime franchement autoritaire, où l'État intervient massivement dans l'économie. Le Brésil se rêve en leader régional, l'Arabie saoudite en puissance d'équilibre entre ses deux clients, l'Amérique et la Chine, l'Inde pense que son heure est venue grâce à sa supériorité démographique planétaire et sa croissance vigoureuse. Leurs régimes sont d'autant plus confortés que les États-Unis eux-mêmes basculent vers une forme d'autoritarisme et de recul de l'État de droit.

Cette explosion des volontés de puissance se traduit, outre par la traditionnelle course à l'armement, par une ruée sur les matières premières et les rares zones inviolées de la planète. La Chine aurait ainsi acheté cent mille tonnes de nickel supplémentaires sur les premiers mois de l'année 2025, pour abonder ses réserves. Dans le même temps, Pékin a signé dix accords d'acquisition ou d'exploitation de matières premières dans le monde, le chiffre le plus élevé depuis 2013, selon le *Financial Times*. Depuis l'élection de Trump, l'Amérique met les bouchées doubles, extorquant un accord avec l'Ukraine sur les terres rares et menaçant le Groenland d'une prise de contrôle. Même les richesses minières sous-marines font l'objet de prospections, alors qu'un traité international les proscrit. La planète s'est rétrécie sous l'effet de cette lutte pour l'appropriation des ressources naturelles. C'est le retour de la géographie, au moins autant que celui de l'histoire, dans les relations internationales.

Politique et stratégique, la guerre des empires constitués ou en devenir est aussi technologique, avec l'émergence d'entreprises titanesques, les Apple, Google, Amazon, Baidu, Xiaomi. Puissamment innovantes, nourries par les meilleurs cerveaux de la planète, elles dévorent les marchés mondiaux. Et contrôlent la mine des temps modernes, les données personnelles de milliards de citoyens, traitées par les intelligences informatiques pour prévoir les comportements et inventer de nouveaux services. En un mot : pour vendre davantage, et faire grossir leur tas d'or qui se chiffre en centaines de milliards de dollars. Aux États-Unis comme en Chine, leur emprise est d'autant plus forte que les oligarques propriétaires de ces monstres sont étroitement liés au pouvoir politique, sur le modèle russe. Rien de comparable en Europe, où nos grandes entreprises ne sont plus que les héritières lointaines de notre splendeur passée, dix fois plus petites que les GAFA.

La guerre est aussi commerciale. Il serait tentant d'en rendre responsable Donald Trump, qui a tiré une salve de droits de douane à l'encontre du monde entier lors de ce qu'il a appelé le « jour de la libération », en avril 2025. L'Amérique est aujourd'hui protégée par des tarifs qui n'ont pas eu d'équivalent depuis l'entre-deux-guerres. Mais Trump ne fait jamais qu'amplifier une tendance qui était à l'œuvre depuis plusieurs années. L'ère du libre-échange intégral est terminée. L'Europe, maladivement attachée à la disparition des frontières, peine à comprendre le monde qui vient, protectionniste, et reste l'un des derniers marchés largement ouverts, aux quelques restrictions visant la Chine près.

Enfin, aux crises internationales s'ajoutent les crises intérieures, politiques celles-ci. Les élites et les partis traditionnels sont malmenés, contestés, parfois battus par ceux qu'on appelle les « populistes », tantôt alignés sur Moscou, tantôt sur Washington, la différence entre les deux étant de plus en plus ténue. Le sentiment de déclassement, la montée d'une immigration non contrôlée et le délitement de l'ordre entretiennent la séduction des extrémistes, comme dans l'entre-deux-guerres. À cela il faut justement ajouter la « trahison des clercs », pour reprendre le titre du livre de Julien Benda paru en 1927 : des hommes politiques qui deviennent lobbyistes d'entreprises chinoises aux pratiques sociales et environnementales catastrophiques, des riches qui échappent à l'impôt en faisant jouer l'optimisation fiscale aux limites de la légalité.

La démocratie elle-même est contestée, parce qu'elle est paralysée par la difficulté à dégager des majorités politiques pour agir. Parce que les gouvernants élus ressassent les mêmes discours sans prise sur la réalité. Parce que les électeurs eux-mêmes se réfugient dans le déni, se laissant enfumer par les bonimenteurs qui prospèrent quand le pouvoir est faible. Les débats se polarisent, envenimés par les réseaux sociaux, au point que le socle du constat partagé se rétrécit comme dans l'épreuve finale des poteaux de Koh Lanta. L'extrême droite marque des points dans tous les pays d'Europe, quand elle n'est pas au pouvoir, car le fait politique majeur de tous nos pays est la demande d'autorité, insatisfaite par les partis traditionnels qui ne veulent pas l'entendre parce qu'ils la jugent régressive. Nous sommes fatigués de la démocratie.

En un mot, tout se dérègle en même temps. Les crises se succèdent, comme autant de météores tombés dans notre jardin, qui provoquent notre stupéfaction. Mais qu'avons-nous fait pour mériter cela ? La thèse de ce livre est que la plupart de ces crises ont une origine commune. Une transition comme il en arrive une fois par siècle, qui dure une vingtaine d'années, s'exacerbe dans sa phase finale et débouche sur un nouveau maître du monde, qui impose son ordre et ouvre alors une longue période de croissance. Transition entre les maîtres du monde, alors que l'Amérique, tenante du titre depuis près d'un siècle, ploie sous le fardeau et le récuse. Transition entre les systèmes idéologiques, alors que le désir de liberté, qui avait dominé depuis l'après-guerre, cède le pas au besoin d'ordre et de protection, en vertu d'une éternelle alternance qui fait se succéder ces deux dominantes.

L'Amérique avait pris la suite du Royaume-Uni, la puissance dominante du XIXe siècle, elle-même succédant à la France, aux Pays-Bas, à l'Espagne et au Portugal. Elle montre aujourd'hui tous les signes de fatigue qui frappent le maître du monde en fin de course, comme nous l'analyserons dans les pages qui suivent. Trump lui-même, sous ses fanfaronnades, a adopté la stratégie la plus intelligente pour minimiser les effets de ce déclin. Il n'a plus les moyens ni politiques ni financiers de ferrailler aux quatre coins de la planète pour entretenir un ordre mondial. Aussi s'est-il rabattu sur une politique qui offre un meilleur rapport qualité-prix, « MAGA » (« Make America Great Again »), son slogan de campagne, qu'on pourrait traduire par TPMG : « Tout Pour Ma Gueule ».

Seuls prévalent les intérêts directs des États-Unis, y compris lorsqu'ils mettent à mal ceux de leurs alliés et leur loyauté. C'est l'inverse de l'attitude du maître du monde qu'adoptait l'Amérique auparavant, quand elle n'hésitait pas à mobiliser des hommes et des milliards pour d'autres causes et d'autres pays, utiles à

Washington sur le moyen terme. Il n'y a pas d'autre logique dans le MAGA que le cynisme le plus affirmé, rendu possible par l'avance technologique et militaire que conservent encore les États-Unis. Le maître du monde passait un contrat de loyauté avec ses alliés, assorti d'obligations mutuelles, la superpuissance MAGA n'ambitionne que de leur faire peur. Parce que c'est moins cher.

C'est bien sûr l'ascension de la Chine qui a commandé à l'Amérique de changer de stratégie. La voici en première ligne, prête à doubler l'ancien leader. Une Chine désormais sûre d'elle-même, gonflée à bloc dans son désir de revanche par les « Cinquante Glorieuses » qu'elle a connues, le plus grand rattrapage économique de tous les temps. C'est d'ailleurs le seul pays qui tient tête à Trump dans les négociations commerciales. L'émergence d'un rival aussi puissant a renchéri considérablement le prix à payer pour entretenir un ordre mondial. C'est pour cela que la présidence Trump n'est sans doute pas une embardée qui sera corrigée en 2028, lors de la prochaine élection. C'est la réponse rationnelle et durable à un rapport de force qui s'était déséquilibré lors des présidences Obama et Biden, les derniers de la lignée précédente.

Jusqu'ici, Trump s'en sort remarquablement bien. Il obtient à peu près tout ce qu'il souhaite, au moins de la part de ses alliés en Europe et au Moyen-Orient, sur le plan commercial et diplomatique. Il a sorti du jeu les Européens, malgré les efforts frénétiques d'Emmanuel Macron qui s'agite comme un papillon de nuit pris dans le soleil de midi. Mais cette stratégie comporte un risque. Elle ouvre un champ considérable à Pékin, qui peut désormais se présenter comme le défenseur de l'ordre et de la raison, face à un maître du monde déclinant, intempérant et centré sur lui-même. En matière climatique notamment, où les Chinois persistent dans leur stratégie anti-carbone, pour le bien commun, alors que l'Amérique se lance dans une fuite en avant en encourageant les nouveaux forages d'hydrocarbures. En matière commerciale aussi, en défendant un libre-échange qui donne leur chance aux pays moins avancés de s'intégrer à l'économie mondiale.

Les deux maîtres du monde, celui qui ne veut plus l'être et celui qui voudrait l'être, se font donc face. Sur le plan militaire, technologique, commercial, c'est la lutte à mort. Cette situation pour l'heure indécise explique le réveil de tous les « méchants » de la planète, les Poutine, Kim et autres Rafsandjani. Ils profitent de l'interrègne pour tenter une percée. Qui pour faire sa bombe, qui pour reconstituer son empire éclaté. L'ordre mondial les avait contraints à rester dans leur terrier, le désordre les rappelle à la lumière.

La confrontation entre l'Amérique et la Chine est donc le fait stratégique majeur de notre époque. Tous les autres conflits, Ukraine en tête, n'en sont que des théâtres secondaires. Et si l'on en croit l'histoire, nous sommes à la veille du moment où la couronne de maître du monde va tomber, pour être ceinte sur la tête du successeur. L'enjeu est particulièrement élevé cette fois car, si la Chine l'emportait, ce serait la première fois depuis les grandes découvertes de la fin du XVe siècle que l'Occident ne détiendrait plus le titre. L'extraordinaire dilatation de l'Europe prendrait fin, après un siècle de transition où le pouvoir était passé dans les mains de son ex-colonie montée en graine, les États-Unis.

L'histoire se reproduira-t-elle, avec une transition entre les deux règnes ponctuée par un conflit militaire ? L'Angleterre avait mis vingt ans avant d'écraser la France à Waterloo. Notre transition aura sûrement ses particularités. Pour autant, dans la vie des sociétés humaines, ce qui ne change pas est toujours plus important que ce qui change. Il y aura donc un conflit entre les deux rives du Pacifique, tout nous y conduit, des rivalités autour de Taïwan jusqu'à la lutte pour le contrôle du glacier septentrional du Groenland. La victoire est loin d'être garantie pour la Chine, qui pourrait connaître le destin de l'Allemagne de Guillaume II, accumulant les armes et la puissance industrielle pour finalement connaître la chute. Nous entrons dans un monde sans maître, où les volontés de puissance se réveillent et s'affrontent.

Quelle que soit son issue, la transition est dangereuse. Elle s'accompagne toujours de conflits régionaux et de la redistribution des pouvoirs, en fonction de la croissance économique et de la démographie. L'ordre mondial est comme un animal qui mue, délaissant sa vieille enveloppe créée à Yalta pour en trouver une nouvelle plus adaptée à ses transformations. Dans cette période, tout est possible.

L'économie va se trouver complètement bouleversée. La mondialisation est en train de se fragmenter en plusieurs zones régionales rivales, les empires renaissants. Car le risque géopolitique est réapparu, après une éclipse d'un peu plus de trois décennies, avec l'antagonisme entre les puissances, en particulier la Chine et les États-Unis. La Terre, naguère plate, se hérisse d'obstacles qui entravent les entreprises et les flux commerciaux et financiers, les frontières.

C'est la leçon de l'histoire des empires. Il ne peut y avoir de mondialisation que s'il existe un maître du monde au sommet de son pouvoir, comme nous l'avons connu entre la chute du Mur et la guerre d'Ukraine – c'était alors l'hyperpuissance américaine. Celle-ci, avec la loyauté et la peur qu'elle inspirait, avait fait disparaître le risque géopolitique, ce qui a permis aux entreprises de s'élancer aux quatre coins de la planète, pour fabriquer là où les coûts étaient les plus faibles, pour vendre partout où il y avait un marché. Son poids relatif dans l'économie mondiale, élevé, avait conféré à sa monnaie, le dollar, le statut de devise mondiale, ce qui facilitait le commerce. Le surplomb qu'elle exerçait dans les institutions internationales lui avait permis de définir les normes juridiques et comptables, ce qui a fluidifié les échanges.

Mais dès lors que la puissance ultime ne veut plus jouer ce rôle – c'est bien le cas de l'Amérique de Trump, qui récuse l'ordre mondial de l'après-guerre – ou qu'un rival émerge, tout se dérègle. Nous en sommes exactement là, tout comme avant 1914, lorsque l'Allemagne menaçait la puissance britannique épuisée par les guerres régionales et l'ascension économique de la Prusse et de l'Amérique.

Déjà, les entreprises travaillent à redessiner les chaînes de valeur et à sécuriser leurs approvisionnements, à une vitesse inouïe. La leçon russe, lorsque les grandes entreprises européennes ont dû céder leurs actifs pour rien après le déclenchement de l'invasion en Ukraine, a porté. La Chine, naguère l'usine du monde, se vide des investissements internationaux, qui recherchent d'autres localisations comme l'Inde, le Vietnam ou le Maroc. On privilégie désormais les pays « amis », et plus encore l'atténuation du risque grâce à la dispersion sur plusieurs localisations.

La montée des droits de douane commencée par Donald Trump – encore une politique de puissance déclinante, qui a besoin d'argent et cherche à protéger ses industries non compétitives – va aussi dérouter les échanges et déplacer les localisations d'usines. La géographie industrielle de la planète devrait donc connaître de sérieux réaménagements. Un tel monde est structurellement inflationniste, car l'objectif visé par les entreprises n'est plus le meilleur prix de vente, mais la sécurité de la production et de l'approvisionnement, naguère prise en charge par la superpuissance et désormais assurée par le producteur, qui la refacturera au consommateur. C'est la mondialisation qui avait fait disparaître l'inflation, sa fragmentation va la ressusciter.

Autre révolution en vue, la politique des banques centrales, jusqu'ici concentrée sur la valeur de la monnaie et la liquidité des marchés – en réalité, la protection du capital. Cela va probablement changer aussi, sous l'effet des décisions de Donald Trump sur la Federal Reserve, la banque centrale américaine. Le président entend en effet que l'institution change de priorités, pour privilégier la croissance et alléger le déficit de l'État fédéral, quitte à se montrer beaucoup plus accommodante en baissant les taux d'intérêt, voire en créant de la monnaie. Cela risque d'accélérer le déclin du dollar, en faisant émerger d'autres étalons monétaires.

Ainsi va le cycle de la puissance, qui voit le maître du monde conquérir, dominer puis décliner, sur la durée de peu ou prou un siècle. Nous sommes donc au terme du cycle américain et à la veille d'en débuter un nouveau. L'histoire nous enseigne que ces transitions sont longues, et toujours douloureuses dans leur phase finale. Mais aussi qu'elles débouchent sur un ordre nouveau et une longue période de croissance, une fois que les acteurs ont pris la place attribuée par leur démographie et leur économie. Rien ne nous interdit de penser qu'il en sera de même cette fois-ci. Certes, le changement climatique menace de nombreuses activités, et jusqu'à la survie dans certaines zones de la planète. Mais l'inventivité humaine est sans limite. Il se livre une course de vitesse entre l'innovation et la décarbonation d'un côté, et les dégâts climatiques de l'autre. Personne ne peut en prédire l'issue. Et n'oublions pas que l'humanité a traversé des crises au moins aussi graves. La Grande Peste de 1350 par exemple, qui a tué la moitié de la population européenne. Qu'ont dû penser nos lointains prédécesseurs pris dans ce désastre, sinon que la fin du monde arrivait ? Ils se trompaient.

Bien sûr, d'autres pays rêvent de domination. L'Inde, l'Iran, la Turquie, le Brésil, le Nigeria, en imaginant des scénarios pour que l'avenir tourne en leur faveur. Mais leurs fantasmes se projettent bien au-delà de la génération qui vient, dans cinquante ou cent ans, avec des paris démographiques douteux. Nous verrons qu'ils peuvent difficilement prétendre prendre la tête dans la course mondiale.

Reste la place de l'Europe et de la France, bousculées par ces puissants mouvements. Notre continent avait été le grand gagnant de la période de paix. D'abord, parce qu'il est la région du monde qui avait le plus profité de la protection et de l'ordre américain ainsi que des « dividendes de la paix », la baisse des budgets militaires notamment. Ensuite, parce qu'il a mis à profit la mondialisation pour exporter davantage.

L'éloignement de l'Amérique et l'hostilité croissante de la Russie changent tout : l'Europe a rétréci face aux nouveaux dangers. Elle doit reformuler son projet, pour l'adapter aux temps brutaux qui s'ouvrent. Nous en sommes malheureusement loin, pris en étau entre les balivernes des « unionistes », partisans du fédéralisme à plus ou moins longue échéance sur les bases des traités actuels, et les sirènes des antieuropéens. Comme tout ce qui est important, les questions qui se posent à elle sont simples : Quelle organisation ? Quel nouveau contrat pour défendre ses intérêts économiques et sa sécurité ? Pour y répondre, nous devons faire une révolution idéologique complète, nous qui nous sommes construits sur l'effacement des frontières et l'internationalisme économique. Il faut désormais penser à l'Europe d'abord.

Quant à la France, cette transition intervient à un mauvais moment pour elle. Sous ses discours bavards sur la réforme, notre président a prolongé et amplifié la politique de ses prédécesseurs : dépense publique, endettement et surréglementation. La malédiction française, le double déficit budgétaire et commercial, est à son paroxysme, alors que nos gouvernements successifs vivent sous la menace permanente d'une censure qui interdit toute action sérieuse. L'endettement finance les transferts pour les ménages, qui entretiennent une consommation se portant sur les produits étrangers, car notre industrie ne produit plus suffisamment. En clair, notre dette publique fait tourner les usines chinoises et allemandes.

La fameuse « politique de l'offre » dont se prévaut l'exécutif s'est en réalité arrêtée en 2018, quelques mois après l'élection d'Emmanuel Macron, avec la crise des Gilets jaunes, suivie par le Covid, la crise énergétique et le tombereau de dépenses qui les ont suivies. Le soutien aux entreprises et à l'investissement a été alors largement noyé par le soutien à la demande, la consommation des ménages, plus que jamais le moteur principal français. Quant à l'attractivité du pays, censément redressée par les fêtes coûteuses que donne notre président à Versailles pour ébaubir les milliardaires de la Silicon Valley, les chiffres n'ont rien de rassurant. Oui, il y a bien eu 19 milliards d'euros d'investissements étrangers chez nous en 2023. Mais cette même année, les flux inverses, l'argent dépensé par les entreprises françaises à l'étranger, atteignaient 63 milliards… Un solde négatif substantiel, pour la dixième année consécutive. Comme un drain qui affaiblit notre économie.

Cancre de la zone euro, la France a vu aussi son influence internationale s'affaiblir à la mesure de sa puissance économique déclinante et de sa paralysie politique intérieure, à la suite de la dissolution. En Afrique, où nous avons été mis dehors en 2024 par plusieurs gouvernements de plus en plus hostiles à Paris. En Algérie, avec laquelle les crises et les humiliations se succèdent, malgré les concessions incessantes faites à un pouvoir obtus et incompétent. En zone indo-pacifique, où la France s'est fait sortir d'un gros contrat de sous-marins, par ses propres alliés britanniques et américains. Au Moyen-Orient, où les atermoiements depuis le 7 octobre ont rendu sa position inintelligible, déchaînant les critiques de toutes parts. À Washington et à Moscou, où les coups de téléphone de l'Élysée se succèdent sans infléchir la position des capitales. Une litanie de rebuffades pénible pour notre pays, qui ne peut pas renoncer à peser sur le cours du monde.

La bonne nouvelle, c'est que toutes ces crises françaises, économique, politique et diplomatique, sont largement auto-infligées. Il n'y a pas de fatalité à rétrécir comme nous le faisons depuis quelques années. La confrontation entre les grandes puissances offre de larges opportunités pour constituer des alliances. Le désordre mondial ouvre le champ pour la diplomatie. Talleyrand n'est-il pas parvenu, lors du congrès de Vienne en 1815, à préserver les frontières de la France, contre une Europe coalisée et pleine de ressentiment ? De Gaulle, à installer la France dans l'étroite coalition des vainqueurs au sortir de la Seconde Guerre mondiale ? Encore faut-il avoir un président avec les idées claires. Et un gouvernement avec une majorité et des finances publiques en ordre, qui autorisent les investissements dont nous avons besoin dans l'éducation, l'énergie, la défense. Rien de tout cela n'est possible avant la prochaine élection présidentielle.

PARTIE I

Chine-États-Unis, la bataille des Titans

I

La Grande Parenthèse

1

La Grande Parenthèse

À la fin du XXe siècle, l'économie semblait avoir pris un ascendant définitif sur la politique. Les multinationales faisaient leur loi, choisissant leurs pays d'investissement en fonction de l'espérance de rentabilité qui leur semblait la meilleure. Durant ces trois décennies, ce sont les grands patrons qui ont dessiné la carte du monde, déclenchant la croissance ici et la refusant là.

Jamais ce rapport de force n'a été plus visible que dans une petite station des Alpes de la Suisse alémanique, à Davos, qui héberge chaque année à la fin du mois de janvier le Forum économique mondial. Dans les années 1990, le Forum de Davos est devenu le rendez-vous le plus important de la communauté des affaires mondiales. Un événement au cœur de l'Europe qui, fait remarquable, avait réussi à intéresser les Américains. 40 % des participants venaient d'outre-Atlantique. Dans les ruelles du village, on pouvait croiser le patron de la Federal Reserve, Alan Greenspan, marchant précautionneusement avec ses gros souliers pour ne pas glisser sur la neige sale et verglacée. Ou Bill Gates, accoudé au bar d'un de ces petits hôtels suisses lambrissés de bois et surchauffés, attendant Larry Summers, le brillant et arrogant secrétaire au Trésor américain. Ou encore Brad Pitt et Angelina Jolie, enturbannée de fourrure, venue présenter sa fondation et sans doute ferrer quelque mécène avec son regard bleu acier.

Les patrons américains régnaient déjà en force, à la fois sur le plan du nombre et de l'influence. Leurs homologues européens mesuraient chaque année que l'océan Atlantique s'était encore élargi, en regardant avec envie les lueurs lointaines et fabuleuses de la rive occidentale : la croissance, l'Internet et ses promesses, les valorisations extraordinaires de Wall Street, les salaires extravagants des dirigeants.

Mais le plus saisissant, c'était la véritable cour qu'effectuaient les dirigeants politiques auprès de ces nababs. Les politiques se prosternaient devant les dollars. En particulier les dirigeants des pays qu'on appelait « émergents ». Chaque année, un pays mettait le paquet et venait avec une puissante délégation sur les panels du Forum, pour vanter les réformes que son gouvernement avait faites, ainsi que le climat réglementaire et fiscal favorable au business. Les Davossiens ont ainsi vu défiler les Mexicains, les Indiens, les Malaisiens, les Russes et bien d'autres, tenter tour à tour de se connecter aux grandes rivières mondiales de l'investissement qui prenaient leur source au pied de la montagne magique suisse.

Chaque délégation, non contente de vanter ses réalisations et sa soumission sans réserve aux canons d'une gestion définie par le FMI – c'est-à-dire le Trésor américain et le fameux « consensus de Washington » –, offrait une soirée aux participants, aux couleurs locales, avec spectacle et gastronomie, dans le gymnase de

Davos agrandi par des tentes chauffées plantées dans la neige. La soirée russe, conduite par Evgueni Primakov, un apparatchik devenu Premier ministre à la fin du règne de Boris Eltsine, est restée l'une des plus fameuses : caviar en seaux, vodka dégorgeant de bombonnes, fines hétaïres blondes et bien trop peu vêtues pour la température, avec Primakov en maître de cérémonie, le visage écarlate, confit par l'alcool.

Ces années-là, libérées par la chute du Mur, ont vu le décollage de ces flux d'investissement Nord-Sud, tant pour l'industrie que pour les placements, à hauteur de centaines de milliards de dollars. Flux d'argent privé, bien plus importants que l'aide au développement, qui sont alors devenus les nouvelles artères de la croissance. Cette période a littéralement révolutionné la planète, en arrachant à la pauvreté des centaines de millions de terriens, les Chinois en particulier, tout en permettant l'édification de fortunes boursières considérables.

L'effacement du risque géopolitique, avec l'effondrement du communisme, avait permis le triomphe de l'économie. Et si l'on avait interrogé les Davossiens sur les chances de durer de ce nouvel ordre, ils auraient assuré qu'il était en place pour l'éternité. Que pouvait-on vraiment craindre ? Le camp ennemi de naguère – la Chine, l'ex-URSS et ses satellites – avait abjuré sa foi marxiste, et revendiquait désormais la démocratie et l'économie de marché. Les multinationales se déployaient à grande vitesse dans les pays les plus reculés, sous la double protection de la puissance militaire américaine et du billet vert, la monnaie la plus sûre du monde.

Les élites mondiales d'alors n'étaient pas plus avisées que les parents de Stefan Zweig, qui imaginaient avant 1914 que leur monde était inaltérable alors que, nous dit l'écrivain autrichien, ce n'était que châteaux bâtis sur des nuées. L'économiste britannique Keynes avait fait exactement la même observation dans son essai *Les Conséquences économiques de la paix*, où il évoquait la vie d'un citoyen fortuné de Londres juste avant la Première Guerre mondiale. Après avoir fait l'inventaire des luxes et des libertés inouïes dont jouissait ce privilégié au terme d'un demi-siècle d'internationalisation de l'économie, Keynes remarquait que, « par-dessus tout, il estimait cet état de choses comme normal, fixe et permanent, bien que pouvant être amélioré ultérieurement[1] ».

Illusions, bien sûr. Comme celles qui nous ont fait croire, dans les années 1990, que la mondialisation paisible – « heureuse », disait Alain Minc, toujours prompt à capturer l'esprit des temps – était le stade ultime du développement. Croire, encore, au triomphe de l'économie sur les passions politiques, canalisées et ennoblies par la démocratie, qui ne cessait de s'étendre sur la planète. Un triomphe d'autant plus vraisemblable que le commerce international, décuplé grâce à l'invention du conteneur, promettait de répartir les bénéfices de ce nouvel âge d'or sur les différents continents. L'Occident gardait sa place de leader, remorquant dans son sillage nourricier les pays émergents comme une baleine entraîne le menu fretin.

Ainsi va la psychologie humaine, qui projette sur le long terme l'état dans lequel elle se trouve, imaginant qu'il va durer toujours, alors qu'il n'est que le résultat transitoire de forces dont le rapport ne cesse de se modifier, jusqu'à la rupture. Celle-ci n'étant souvent que le dernier changement d'une longue série longtemps passée inaperçue sous les dehors trompeurs de la continuité.

À l'été 1914, précise Keynes, « les visées et les politiques du militarisme et de l'impérialisme, les rivalités de races et de cultures, les monopoles, les restrictions, les exclusions allaient jouer le rôle du serpent dans [l]e paradis[2] ». On connaît la suite, la mécanique fatale des « somnambules », pour reprendre le titre de l'ouvrage de Christopher Clarke, qui mena l'Europe de l'attentat de Sarajevo au traité de Versailles. Quatre années sanglantes qui ont mis en pièces les illusions de notre Londonien fortuné sur la permanence d'un ordre économique en réalité bien fragile. Alors que l'économie mondiale était parfaitement unifiée à la veille de la Grande Guerre, sous l'égide de l'Empire britannique et de la livre sterling, elle se désintègre dès les premiers coups de canon.

Les serpents de 2025 sont exactement les mêmes que ceux de 1914, et ils sont tout aussi venimeux : l'impérialisme, le nationalisme, le désir de puissance, les passions humaines. On les a vus réapparaître en février 2022, avec le déclenchement de la guerre d'Ukraine. Là encore, il ne s'agissait que du dernier événement d'une série : en 1999, la seconde guerre de Tchétchénie ; en 2008, l'invasion de la Géorgie par la Russie ; en 2014, l'invasion de la Crimée, puis les incidents répétés dans le Donbass que les accords de Minsk n'étaient pas parvenus à interrompre. C'est le dernier temps qui, rétrospectivement, donne son sens à la succession des faits : une marche guerrière pour reconstituer l'Empire russe, démembré à la suite de l'effondrement du régime soviétique. L'invasion de l'Ukraine force l'Europe à admettre un changement fondamental : elle n'est plus en sécurité. Changement dont l'écho se propage bien au-delà du Vieux Continent, car la Russie a un allié de poids, la Chine. Là non plus, nous n'avions pas pris garde aux quelque quarante rencontres entre Xi Jinping, le dictateur chinois, et Vladimir Poutine, les années qui ont précédé l'invasion, qui firent germer cette spectaculaire réconciliation entre les deux géants, brouillés depuis Mao Zedong et Nikita Khrouchtchev.

C'est donc le 24 février 2022 que se referme la Grande Parenthèse ouverte par la chute du mur de Berlin, le 9 novembre 1989. Exactement comme l'assassinat de l'archiduc François-Ferdinand avait refermé celle de la fin du XIXe siècle. Lorsque les bottes russes ont franchi la frontière, nous avons pu croire qu'il ne s'agissait que d'une embardée, qui allait nous laisser libres de revenir au monde d'avant. Et retrouver la position confortable d'un Occident au cœur de l'ordre libéral international.

Il n'en a rien été. Dix-huit mois après l'invasion de l'Ukraine, le massacre du 7 octobre 2023 ouvrait un autre front de la même guerre. Vieux conflit, certes, que celui opposant Israël aux Palestiniens. Vieux, mais rajeuni avec les couleurs du temps – celles de l'affrontement entre l'Occident et le reste du monde.

Cette même année, la Chine déchaînait sur Taïwan un feu de missiles, enserrant l'île « renégate » de manœuvres navales d'une agressivité sans précédent. Pékin entendait ainsi protester contre la visite d'une dirigeante politique américaine, Nancy Pelosi, à Taïpei, la capitale de la petite Chine insulaire qui refuse toujours la réunification avec le continent communiste. Une fois encore, cette offensive n'était que la dernière d'une longue série d'intimidations conduites par Pékin en mer de Chine. En ponctuant violemment cette série d'une quinzaine d'années, le quasi-blocus de Taïwan lui donnait tout son sens : Pékin prépare la mise au pas de Taïwan par la force, après avoir échoué par la négociation. Après tout, si la Chine accumule la plus grosse quantité d'armes depuis l'Allemagne hitlérienne, ça n'est pas par passion de collectionneur, mais bien pour s'en servir un jour.

La Grande Parenthèse est donc bien refermée. Curieusement, ses deux bornes concernent la Russie. La borne initiale, la chute du Mur, a marqué l'effondrement du bloc communiste et déclenché la partition de l'Empire – l'Ukraine étant le premier pays à faire sécession. Alors que la borne terminale a coïncidé avec la tentative de reconstitution de l'Empire, l'invasion de l'Ukraine par les Russes. C'est la disparition du risque géopolitique qui a ouvert la parenthèse, et sa réapparition qui l'a refermée.

L'Europe avait été la principale bénéficiaire de cet épisode d'une trentaine d'années. Grâce à la paix et à la disparition du risque géopolitique, elle a pu mener à bien son projet d'unification économique, en mettant en place le grand marché qui avait été prévu par l'Acte unique juste avant la chute du Mur. Portée par sa lancée, elle a même réussi à réaliser en 1999 le vieux rêve des partisans de la cause fédéraliste : l'euro, une monnaie unique se substituant aux devises nationales, tout en accueillant les pays issus du démembrement de l'Empire soviétique. Exactement comme dans l'entre-deux-guerres, lorsque la Société des Nations, largement européenne, tentait de construire une communauté internationale aux rapports pacifiés par des règles quelque peu idéalistes.

L'inversion est désormais complète. Et c'est le grand gagnant de naguère, l'Europe, qui se trouve être aujourd'hui la principale victime du retournement. D'abord, parce que la guerre est à ses portes. Poutine, un temps conforté par l'assentiment de Trump, va poursuivre sa marche à rebours de l'histoire récente. Un document secret, émanant des plus hautes sphères russes et publié dans le *Financial Times*, témoigne de ses ambitions[3]. Il s'agit non seulement de reconquérir les banlieues stratégiques de la Russie (les États baltes, la Pologne, la Finlande ?), à tout le moins leur faire quitter la sphère d'influence de l'Occident, mais d'occuper le centre d'un bloc eurasien qui viserait à rivaliser avec la Chine et les États-Unis. Un nouvel empire, qui permettrait à Moscou d'imposer à ses partenaires une « vision du monde commune », avec des règles et une politique de sanctions qui lui seraient propres.

Plus grave pour l'Europe, l'Amérique lui a tourné le dos depuis l'élection de Trump et les négociations pour terminer la guerre d'Ukraine. À son arrivée, le président américain s'est littéralement couché devant Poutine, entérinant un rapport de force que trois ans de guerre ne sont jamais parvenus à infléchir durablement. Sans la moindre considération pour ses alliés. L'Europe a perdu à la fois sa tranquillité et son protecteur. Sans ennemi depuis trente ans, elle en a désormais un, la Russie, et un partenaire imprévisible, les États-Unis.

Nous voici ballottés dans un monde où les grandes puissances s'affrontent pour des questions de territoire, de technologies, de contrôle des routes commerciales et de matières premières. Même les États-Unis grondent, sous les traits grimaçants de Trump, en revendiquant le Groenland pour surveiller l'Arctique et le canal de Panama pour sécuriser son approvisionnement maritime. À nous, âmes sensibles qui avons passé l'essentiel de notre vie d'adulte abrités par les bornes de la parenthèse, ce monde semble brutal. À l'aune du temps long, c'est en réalité le monde normal. Les épisodes de paix et de mondialisation économique comme celui qui vient de se terminer ne se produisent en effet qu'une fois par siècle. Nous n'en reverrons pas d'autre de notre vivant. Et peut-être nos enfants ne le verront-ils pas davantage.

Les conséquences économiques de ce retour à la normalité historique sont considérables. De domaine clé qui façonnait l'organisation du monde, l'économie se trouve ravalée au second plan. Alors qu'elle imposait ses lois aux gouvernements dans le cénacle de Davos, elle va désormais faire où on lui dit de faire. Car le risque géopolitique a réapparu, et il prévaut sur toute autre considération. Il suffit de se remémorer les quelques jours qui ont suivi l'invasion de l'Ukraine : la quasi-totalité des entreprises occidentales a quitté la Russie sur-le-champ, abandonnant tous leurs actifs, les usines et les stocks. Que pèsent les milliards face au risque de vie ou de mort ? Ce sont toutes les chaînes mondiales de production qui sont en train d'être réorganisées pour faire face au retour de ce risque vieux comme l'humanité. Les politiques économiques et industrielles vont être redéfinies à partir de cette contrainte nouvelle. Jusqu'aux politiques commerciales et fiscales, dont on peut attendre de profonds bouleversements en ces temps troublés.

Avant d'envisager et de décrire tous ces changements, il nous faut comprendre pourquoi la parenthèse s'est refermée. La clé se trouve pour partie à Washington, pour partie à Pékin, sur les deux rives de cet océan qui n'a jamais si mal porté son nom : le Pacifique.

2

L'Amérique, un empire fatigué

L'analyse des causes de la guerre d'Ukraine nous emmène toujours au même endroit : Poutine et sa volonté de reconstruire l'Empire après « la plus grosse catastrophe politique du XXe siècle », selon ses propres termes pour qualifier l'effondrement du régime soviétique. Effondrement suivi de l'humiliation terrible des années 1990, qui ont vu l'avancée de l'OTAN jusqu'aux frontières de la Russie et la mise en place à Moscou d'un pouvoir faible et dominé intellectuellement par les Américains, le FMI et leurs séides comme Jeffrey Sachs. La « thérapie de choc » libérale promue par cet économiste de Harvard sous Eltsine avait en effet considérablement appauvri le pays et autorisé le dépeçage de l'économie nationale par un petit groupe d'aventuriers incultes et peu scrupuleux, les oligarques.

C'est incontestable, il y a derrière les équipées guerrières de Poutine un puissant désir de revanche. Tout comme en Chine, l'humiliation causée par les Occidentaux, et particulièrement les Américains, est un aiguillon. Mais pourquoi Poutine prend-il le risque de passer à l'acte en 2022, là où ses prédécesseurs s'étaient courbés ? Pourquoi considère-t-il que le risque, pour la Russie, de violer les frontières jusqu'ici garanties par l'ordre international, s'est affaibli ? Parce qu'il considère que les États-Unis ne sont plus si sourcilleux sur cette question, et qu'ils le laisseront faire. Et cela dès avant Trump, puisque la première agression en Géorgie, qui se solde par un compromis de façade très avantageux pour lui – négocié par le président du Conseil européen de l'époque, Nicolas Sarkozy –, date de l'été 2008.

Et il a parfaitement raison. À l'été 2008, le président George W. Bush termine son mandat. Il est ce que les Américains appellent un « *lame duck* », littéralement un canard boiteux, c'est-à-dire un chef de l'État sans légitimité politique, qui ne pourra pas se représenter puisque la Constitution le lui interdit au terme de son second mandat. Barack Obama est élu en novembre. C'est lui qui marquera l'inflexion dans la politique extérieure des États-Unis, avec le désengagement vis-à-vis de l'Europe, faisant pivoter la stratégie américaine vers le Pacifique. Sous ses dehors décidés de président modèle, il est faible et multipliera les reculades, suivant en cela une opinion publique qui est de plus en plus rétive devant les engagements internationaux, après le fiasco de la seconde guerre d'Irak.

En 2012, Obama annonce ainsi fixer une « ligne rouge » en Syrie, menaçant le régime de Damas – allié de Moscou – d'« énormes conséquences » s'il utilise des armes chimiques contre les rebelles. Bachar al-Assad n'en a cure, et fait des centaines, sans doute des milliers de victimes en lâchant des gaz toxiques sur sa propre population. Un temps envisagée, l'opération de représailles des Occidentaux capotera lamentablement. Le Parlement britannique refuse de donner son accord. Obama, par crainte d'un refus du Congrès, n'ose même pas lui soumettre le projet. Quant à la France de François Hollande, prête à agir, elle se retrouve seule et renonce.

En février 2014, Poutine profite des troubles politiques en Ukraine pour envahir la péninsule méridionale de Crimée, essentielle parce qu'elle élargit l'accès russe aux mers du Sud, une obsession depuis l'impératrice Catherine II. Quelques jours après l'invasion, un pseudo-référendum est organisé qui débouche sur l'annexion, par Moscou, des 25 000 kilomètres carrés stratégiques. Obama, fidèle à sa ligne de conduite, déclare le 19 mars que « les Ukrainiens eux-mêmes pensent qu'affronter la Russie avec des moyens militaires ne serait pas opportun et ne bénéficierait pas à l'Ukraine ». On ne saurait être plus clair. Le président américain se rabat sur un pistolet à bouchon pour tenter de faire peur : des sanctions frappant la Russie et les oligarques. Poutine expliquera plus tard que ces sanctions ont en réalité renforcé la Russie, car elles l'ont contrainte à s'organiser pour devenir autosuffisante. Et il n'avait pas tort. Peu après, Moscou, qui a réorganisé sa production de céréales, devient le premier exportateur mondial de blé. Et entreprend la construction d'un gigantesque pont pour relier la Crimée à la mère patrie.

En 2016, c'est Donald Trump qui est élu. Là où Obama emballait ses reculades avec de creuses envolées sur les violations de l'ordre international, le promoteur immobilier ne déguise pas son isolationnisme. Pire, il semble avoir de la considération pour Poutine et ses épigones, le nord-coréen Kim par exemple, avec lequel il organise un sommet grotesque et improductif.

En 2018, contre l'avis de ses militaires, il décide du retrait des troupes américaines d'Afghanistan, tenant ainsi l'une de ses promesses électorales. L'armée de l'Oncle Sam est en effet enlisée, après dix-huit ans d'échecs militaires dans les montagnes pour tenter d'éradiquer les jihadistes. 2 400 morts américains et 1 000 milliards de dollars de dépenses. En février 2020, un accord de paix est signé à Doha, qui prévoit le retrait. Trump solde ainsi les équipées de Bush Junior, en reconnaissant implicitement l'inutilité de la projection de forces américaines dans des contrées si hostiles. C'est un nouveau signal que les États-Unis se retirent des affaires du monde.

Le symbole est d'autant plus frappant que le retrait des troupes s'effectue de façon calamiteuse. Ce n'est plus Trump qui est à la manœuvre. Il a quitté le pouvoir à la fin de 2020, au profit de Joe Biden. Celui-ci lance les opérations, qui provoquent un effondrement quasi-instantané du gouvernement afghan et une débandade de l'armée officielle, à cause de l'impréparation et des défauts d'exécutions. En neuf jours, les talibans reprennent le contrôle du pays. Comble de malchance, treize soldats américains trouvent la mort lors d'un attentat. On n'est pas loin du fiasco de l'opération Eagle Claw, conduite en 1980 par l'administration Carter pour tenter de libérer les otages de l'ambassade américaine à Téhéran. Un ratage monumental. Non seulement les États-Unis ne montrent plus d'appétit pour leur responsabilité de maître du monde, mais ils se révèlent inefficaces et désorganisés.

Deux ans plus tard, durant l'hiver 2022, Poutine masse des troupes à la frontière orientale de l'Ukraine, tout en niant vouloir attaquer. Le 24 février, il déclenche l'« opération militaire spéciale », une invasion pure et simple. L'Europe se récrie, comme l'Amérique et une partie de la communauté internationale, contre l'agression. Mais dès le 27 février, Joe Biden précise que les États-Unis n'enverront pas de troupes en Ukraine. Il y aura bien une aide américaine, substantielle, mais elle se limitera à des crédits et des armes.

Entre 2008 et 2022, trois présidents se sont succédé à la Maison-Blanche, démocrates et républicain, et ils ont tous remisé le fusil derrière le comptoir du saloon. Il n'en fallait pas davantage pour faire sortir les méchants de leur cachette. Tous les dictateurs se réveillent, multipliant les provocations, les menaces, et parfois les agressions, en Corée du Nord, en Syrie, en Iran, en Chine, et bien sûr en Russie.

Alexandre Kojève, professeur de philosophie de l'entre-deux-guerres et exégète de Hegel, a parfaitement décrit la parabole du maître et de l'esclave, tirée de l'œuvre du grand penseur allemand[1]. Ce qui fait la différence entre le maître et l'esclave, c'est que le premier est prêt à se battre et à risquer sa vie pour le prestige, son titre. L'esclave, lui, refuse le combat par amour de la vie, et donc se soumet. Dès lors que le maître refuse de combattre, il déchoit, et devient l'esclave de l'esclave, tandis que l'esclave devient le maître du maître. C'est exactement ce à quoi nous assistons depuis vingt ans sur la scène géopolitique mondiale : le maître du monde américain ne veut plus risquer sa vie pour son titre, parce qu'il considère que cela n'en vaut plus la chandelle. Du coup, il déroge, et ceux qui subissaient sa loi se rebiffent, parce qu'ils voient bien que le risque de punition est plus faible que naguère.

Si le monde se détraque et que conflits et invasions se multiplient, c'est bien sûr parce que les méchants veulent reconstituer leur empire. Mais s'ils le font aujourd'hui, c'est parce qu'ils voient bien que le shérif est fatigué de se battre, et qu'il se replie sur ses intérêts immédiats. Dès lors qu'il n'y a plus de maître du monde craint, le désordre reprend sa part dans les affaires de la planète. C'est une loi maintes fois vérifiée, notamment lorsque le déclin de la puissance britannique, au tournant du XXe siècle, avait débouché sur la Première Guerre mondiale.

Quant à l'arrivée de Donald Trump, il ne faut pas se méprendre. Sous l'arrogance et l'agressivité du personnage, il y a en réalité un profond désintérêt pour les affaires du monde. Et la volonté de s'en retirer, particulièrement en Europe. Trump développe une sorte d'isolationnisme violent, pour utiliser un oxymore. Sa vindicte n'est d'ailleurs pas dirigée contre les ennemis de l'Amérique, mais contre ses amis : l'Europe, le Canada, le Mexique… Il se comporte non plus en maître du monde, comme avaient pu le faire les présidents Bush, père et fils, ou Clinton, mais en empereur de l'Occident, voulant étendre son territoire, exactement comme Xi Jinping en mer de Chine : il veut pressurer les royaumes voisins, tributaires, pour son avantage exclusif. C'est le plan Marshall à l'envers.

Trump, incapable des sacrifices de court terme pour préserver un ordre mondial duquel il serait le centre, est le continuateur du retrait initié par Obama et Biden. La meilleure preuve, c'est que lorsqu'il entre dans l'affaire d'Ukraine, il considère Poutine comme son égal, lui cédant à peu près sur tous les points avant même d'ouvrir les négociations d'Anchorage sur le futur de la république attaquée. L'Amérique ne se pense plus comme le maître du monde, mais comme l'une des superpuissances qui doit maintenir son avance vis-à-vis des autres. Elle prend acte d'un nouveau rapport de force.

Quelle différence avec la Parenthèse d'après la chute du Mur ! C'était le temps de l'« hyperpuissance » des États-Unis, un terme inventé par l'ancien ministre des Affaires étrangères Hubert Védrine. Lorsque l'Amérique, par son poids relatif dans l'économie mondiale et en matière militaire, entretenait et défendait un système multilatéral – l'ONU, le FMI, l'OMC – qui exigeait parfois des compromis, voire des sacrifices. Lorsqu'elle entraînait une coalition quasi mondiale pour défaire Saddam Hussein, en Irak, en janvier 1991. Lorsqu'elle a concédé l'entrée de la Chine à l'OMC en 2001, quitte à perdre sur le plan industriel, dans l'espoir d'arrimer l'empire du Milieu au monde libre. Lorsqu'elle finançait en grande partie la protection militaire de l'Europe, déployant un parapluie stratégique sous lequel le Vieux Continent a pu approfondir son union. Sacrifices militaires, commerciaux, financiers, consentis, non pas par philanthropie, mais par intérêt bien compris – de long terme – à préserver un ordre libéral planétaire. C'en est fini.

Reste à comprendre pourquoi Obama, à partir de 2008, replie la toile. Sans doute les leçons des expéditions calamiteuses ont-elles porté. Celles de la seconde guerre d'Irak, conduite par Bush fils en 2003, qui avait alimenté une résurgence du terrorisme islamiste. Déjà, le consensus international et en Amérique même s'était lézardé, par rapport à la première offensive contre Saddam, douze ans auparavant. Celles de la guerre d'Afghanistan, un bourbier sans solution qui a lui aussi permis aux extrémistes de l'islam politique de reprendre la main.

À la lumière de l'histoire des grandes puissances décrite par Paul Kennedy, la fatigue de l'Amérique n'est pas étonnante[2]. Elle s'apparente à ce que l'historien britannique appelle la « surexposition impériale » : les intérêts et les engagements américains dans le monde étaient devenus bien trop lourds pour que les États-Unis puissent les défendre simultanément. Obama n'a jamais fait que prendre acte de cette contradiction entre les ressources disponibles, à la fois en termes financiers et en termes de soutien populaire, et les guerres à livrer aux quatre coins de la planète. Quant à Trump, il justifie même cette contradiction pour malmener ses alliés, en Europe, en Ukraine et à Taïwan, en leur demandant des contreparties financières – ou minières, dans le cas de l'Ukraine et ses terres rares – à un soutien de plus en plus élusif.

À l'origine de cette surexposition impériale, le déclin du poids relatif des États-Unis dans le PIB mondial, qui s'est effectué en faveur du monde émergent, de la Chine en particulier, désormais deuxième économie mondiale. Les rapports de force ne restent jamais stables, nous enseigne Kennedy. Même en temps de paix, ils évoluent sans cesse, à cause de la démographie et de la technologie, qui font varier la puissance économique relative des différents pays. Laquelle se traduit immanquablement par des changements dans la puissance militaire.

La puissance américaine aura connu plusieurs stades. Elle se prépare à la fin du XIXe siècle, lorsque les États-Unis dépassent l'économie britannique et ses colonies. Elle se révèle lors de la Première Guerre mondiale, lorsque l'Amérique fait une entrée décisive dans le conflit, en 1917. Elle est consacrée par la Seconde Guerre mondiale, même si l'autre vainqueur du conflit, l'Union soviétique, la tempère. Jusqu'à la fin des années 1980, où la chute du Mur ouvre la période de l'hyperpuissance, elle-même close au début du XXIe siècle avec le déclin relatif et une surexposition problématique que Trump résout sans scrupule ni états d'âme, ajustant l'Amérique et sa politique au nouveau monde. Car Trump, s'il est un problème pour ses alliés, est à l'évidence une forme de solution – contestable, certes – pour son pays et les contradictions qui tenaillaient ses prédécesseurs.

La puissance britannique avait connu exactement le même cycle un siècle plus tôt. Préparée par la révolution industrielle à la fin du XVIIIe siècle, elle se révèle en 1815, s'appuie sur une domination des mers sans partage et connaît son apogée lors du règne de Victoria, de 1837 à 1901. Règne pendant lequel le PIB par tête des sujets de Sa Majesté est multiplié par deux et demi. De 1815 à 1865, l'Empire conquiert en moyenne 100 000 miles carrés chaque année. Vers 1860, il produit 53 % de l'acier mondial et la moitié du charbon. Il possède 30 % de la flotte commerciale mondiale, est à l'origine des deux tiers du commerce de biens manufacturés, et développe une expertise financière sans égale, en matière de Bourse, de crédit et de produits dérivés sur les matières premières, à partir de la Bourse de Londres et de la livre sterling, convertible en or. Le tout parti d'une île qui abritait 2 % de la population mondiale !

Mais le statut de maître du monde qu'a acquis l'Empire britannique ne dure pas, car les techniques industrielles se diffusent dans toute l'Europe, et avec elles la croissance et les armements. Les antagonismes montent, avec l'essor de l'Allemagne en particulier, qui veut ce que Guillaume II appelle une « place au soleil ». Alors que l'Angleterre est victime, elle aussi, de la surexposition. Elle ferraille ainsi dans plusieurs dizaines de guerres et de conflits, aux confins de son Empire, à la fin du XIXe siècle, qui consument ses ressources et provoquent la réprobation de l'opinion publique. Cette série noire commence par la « grande mutinerie » en Inde, en 1857, et s'étendra aux quatre coins du globe. En Europe, les tensions s'aggravent, pour la même raison qu'aujourd'hui : les rivaux de l'Angleterre sentent bien qu'elle fatigue. Les alliances se décomposent, jusqu'à la guerre de 1914, qui donnera un coup d'arrêt à la domination britannique. L'Empire sera contraint de céder la couronne de maître du monde à son ancienne colonie, les États-Unis. Le siècle américain naît alors.

Le royaume britannique n'est pas parvenu à éviter les deux dangers qui menacent toujours la longévité du maître du monde, si l'on en croit Paul Kennedy : la difficulté à préserver un équilibre raisonnable entre ses obligations internationales et les moyens dont elle dispose (le risque de « surexposition impériale ») ; et l'érosion de son avance technologique en faveur de ses concurrents et ennemis, qui transforme la géographie de la production mondiale, et donc de la puissance militaire.

Et si les États-Unis de Donald Trump étaient précisément parvenus à la position, dans le cycle de la puissance, que le Royaume-Uni occupait au début du XXe siècle, à la fin de leur suprématie ? Tout comme l'avaient été, au terme de leur gloire, la France, à la fin du XVIIIe, les Pays-Bas, l'Espagne et le Portugal, l'Italie encore auparavant ? Et comme Rome, Athènes et Babylone encore avant ? Voilà des siècles que les maîtres du monde se succèdent, parcourant toujours le même orbe et victime toujours du même syndrome, avant de passer la main. « Il n'a jamais été donné à aucune société de se maintenir en tête de façon permanente, parce que cela voudrait dire qu'on gèle les différences de taux de croissance, de progrès technologiques et de développements militaires qui existent depuis des temps immémoriaux[3]. »

3

Le réveil de la Chine

Les interrogations sur le déclin de l'Amérique sont d'autant plus justifiées qu'un puissant rival a évidemment émergé : la Chine. Si l'on date le réveil chinois du 13 décembre 1978, le jour où Deng Xiaoping a prononcé son discours historique sur l'ouverture économique devant le plénum du Parti communiste, la trajectoire du pays en moins d'un demi-siècle aura été sans aucun précédent dans l'histoire mondiale, par sa rapidité et son ampleur.

Angus Maddison a donné les dimensions du miracle chinois. Cet économiste et historien britannique, travaillant notamment pour l'OCDE, a reconstitué tous les PIB de tous les pays depuis l'an 1, à partir des innombrables sources existantes – contrats, récits, etc. Son travail passionnant, accessible en ligne, offre de nombreuses séries chronologiques jusqu'en 2008, peu avant sa mort[1]. Selon ces travaux, la Chine est de loin la première puissance économique mondiale jusqu'à la première moitié du XIXe siècle, comptant ainsi pour 33,9 % du PIB mondial en 1820. Mais en 1842 commence ce que les Chinois appellent le « siècle de l'humiliation », avec le traité de Nankin, qui consacre la victoire des Britanniques et l'ouverture forcée des ports chinois au commerce de l'opium. Se succèdent alors une longue série de catastrophes pour la Chine, des guerres, des famines, des révolutions, jusqu'en 1949, prise du pouvoir par les communistes de Mao Zedong et terme du siècle maudit, que les Chinois attribuent non sans raison aux prédations de l'Occident. Des catastrophes qui vont provoquer l'effondrement de l'économie chinoise. En 1870, elle ne compte déjà plus que pour 17 % du PIB mondial, alors que la part de l'Amérique et de l'Europe grimpe. En 1900, 11 %, et à la veille de la Grande Guerre, en 1913, 8,8 %. La dégringolade chinoise se stabilisera en 1950, aux alentours de 5 % de l'économie planétaire. Les folies maoïstes et la Révolution culturelle achèveront d'épuiser la Chine, sa part de gâteau restant inchangée jusqu'au discours de Deng, en décembre 1978.

Commence alors la remontée. Le fameux discours de Deng Xiaoping, intitulé « Émanciper les esprits, rechercher la vérité à partir des faits, former un tout pour regarder vers l'avenir », aurait pu s'appeler « En route vers l'économie de marché », si les délégués du PCC qui l'écoutaient avaient toléré autre chose que le sabir communiste. Deng, après quelques révérences face aux mânes de Mao, y annonce l'ère du libéralisme économique, où entreprises et unités de production seront responsabilisées dans leur gestion. Trois réformes clés interviennent : la décollectivisation des campagnes, la création de zones économiques spéciales où le secteur privé va pouvoir s'épanouir, et l'ouverture prudente au commerce international.

Deux jours après le discours de Deng, un communiqué de Pékin et de Washington annonce le rétablissement des relations diplomatiques entre les deux pays. Dès l'origine, décollage chinois et rapprochement avec l'Amérique ont marché ensemble. Ce raccommodement est le résultat d'années d'efforts mis en œuvre par le président Richard Nixon et son génial secrétaire d'État, Henry Kissinger. Le diplomate avait échafaudé un pari fou : rompre l'alliance communiste sino-soviétique en se rabibochant avec Mao, afin d'isoler l'URSS. En 1973, après de longues et secrètes tractations, Nixon effectua une visite triomphale à Pékin. À son retour, à l'aéroport, plus de quinze mille Américains l'acclamèrent, parce qu'il avait œuvré pour la paix. Prudemment, le commerce entre les deux rives du Pacifique se réveille au fil des années 1980, à partir de la région de Canton, en Chine méridionale, qui champignonne sous l'afflux des dollars de l'Ouest. Les multinationales américaines débarquent, la croissance dépasse les 10 % l'an. En novembre 1987, le visage du colonel Sanders moustachu est érigé sur la place Tian'anmen, à un jet de pierre du mausolée qui expose la dépouille embaumée et cireuse de Mao : c'est l'ouverture du premier Kentucky Fried Chicken (KFC) en Chine, un fast-food. Les Chinois font la queue toute la nuit pour accéder au précieux symbole de la prospérité.

Le terrible massacre des étudiants de Tian'anmen, le 4 juin 1989, interrompt le mouvement. Cinq mois plus tard, c'est la chute du mur de Berlin et l'affaissement des pays communistes en Europe, qui terrifient les gérontes au pouvoir à Pékin : et si la révolution de Tian'anmen était annonciatrice d'une vague libérale touchant bientôt l'empire du Milieu ? Si la révolution libérale avait pris à Pékin, l'Amérique aurait remporté une incroyable victoire planétaire : tous les régimes communistes seraient tombés en quelques mois, renversés non par les chars, mais par l'aspiration à la liberté des classes moyennes ! Mais le régime de Pékin écrase la révolte dans le sang et embastille les séditieux. La croissance chute à 4 %, au plus bas depuis la mort de Mao.

Pourtant, dès le mois de février 1992, le vieux Deng – il a alors quatre-vingt-sept ans – entreprend un voyage dans le Sud, intitulé « Nanxun ». Il y prononce un discours qui fera date : « Il faut être plus hardi en matière de réformes et d'ouverture. [...] Il ne faut pas marcher au rythme d'une femme aux pieds bandés. » Les quelques mots du vieil oracle réveillent immédiatement l'appétit des Chinois pour le business, le massacre de Tian'anmen est oublié.

En 1995, selon les calculs d'Angus Maddison, la part de la Chine dans l'économie mondiale atteint déjà 11 %. Deux fois plus que lorsque les réformes ont été lancées, quinze ans auparavant. Le capital du monde entier afflue, attiré par les lueurs souvent fallacieuses du « plus grand marché du monde ». L'exode rural le plus important de tous les temps commence alors. Il déplacera 300 à 400 millions de paysans dans les villes de la côte orientale du pays, venus pour travailler dans la myriade d'ateliers qui rendent possible l'exportation. Il faudra couler des milliards de mètres cubes de béton de Harbin à Canton pour que ces fantassins du miracle chinois puissent se loger, se déplacer, éduquer leurs enfants. Cinq mille tours sont édifiées en trois ans, rien qu'à Shanghai.

En 2001, la Chine est admise dans l'Organisation mondiale du commerce (OMC) nouvellement créée et devient l'« atelier du monde » grâce aux délocalisations, montant en gamme rapidement : le textile, l'électronique *low cost*, les machines, bientôt les voitures, les avions, les centrales nucléaires, les ordinateurs de dernière génération. La multinationale Apple, ressuscitée par Steve Jobs et Tim Cook, parie sur le 100 % « made in China » pour fabriquer un terminal révolutionnaire, l'iPhone, grâce à une chaîne d'approvisionnement planétaire utilisant des composants d'une dizaine de pays, assemblés en Chine par le taïwanais Foxconn.

En 2008, dernier pointage de l'historien britannique, la Chine compte pour 17,4 % du PIB mondial. Cette même année, l'excédent commercial chinois atteint 400 milliards de dollars, et leurs réserves financières, 2 500 milliards, pour l'essentiel investies en bons du Trésor américains. C'est la lessiveuse du Pacifique : les Chinois vendent aux États-Unis et, avec les recettes de l'exportation, réinvestissent dans la dette de l'État américain, lui permettant de se financer à bon compte en devenant son premier bailleur de fonds. Ils contribuent à faire baisser les taux, ce qui stimule la consommation des ménages américains, lesquels se ruent sur le « made in China ». La version économique du mouvement perpétuel.

C'est donc l'Amérique qui a allumé la mèche de la fusée chinoise. Richard Nixon, revenant en Chine dans les années 1990 et contemplant le développement extraordinaire de la ville de Hangzhou, déclarera d'ailleurs à ses compagnons de voyage : « J'aime à penser que j'y suis pour quelque chose. » Il avait tout à fait raison. Le commerce avec l'Amérique a alimenté l'économie chinoise, et l'a installée dans une position de rivale. Exactement comme les barbares installés aux frontières de l'Empire romain ont été enrichis par leurs échanges commerciaux avec les légions de Rome. Avant de se retourner contre leur puissant voisin par les invasions[2].

Mais dans un premier temps, l'interpénétration de la Chine et des États-Unis est vue comme une garantie de stabilité. La gestion commune des suites de la grande crise financière, en 2009, donne l'illusion d'une Chine amicale et bienveillante vis-à-vis de l'Ouest. Les commentateurs de l'époque célèbrent même l'avènement d'un « G2 » qui va stabiliser la planète. Un nom est d'ailleurs trouvé pour cette instance, la « Chinamérique », qui promettait un commerce et un développement paisibles à tous.

Il y a en fait une syllabe de trop dans ce vocable. « Chimérique », voilà le qualificatif qui s'applique le mieux à l'espoir d'une alliance durable entre les deux géants, comme l'avait noté l'historien Niall Ferguson[3]. Pour au moins deux raisons. D'abord, la persistance du ressentiment chinois à l'encontre de l'Occident, à cause du « siècle de l'humiliation », cette sombre période où l'empire millénaire s'est désarticulé sous les prédations des Occidentaux. Si l'Amérique n'a pas été le pillard le plus vorace, elle symbolise la domination du monde d'avant. Et surtout, elle occupe la première place sur la planète alors que, pour les Chinois, celle-ci doit leur revenir. Tous les signes d'ouverture, comme l'attribution de la « clause de la nation la plus favorisée », qui est assortie de privilèges commerciaux, ou l'acceptation au sein de l'OMC, sont ressentis comme des vexations par les Chinois, parce qu'ils doivent faire des génuflexions devant l'Oncle Sam, sûr de sa puissance et de sa légitimité. En 1999, le bombardement de l'ambassade de Chine à Belgrade par des avions américains, pendant la guerre du Kosovo, avait déjà déclenché de vastes manifestations xénophobes à Pékin, que les excuses embarrassées de Washington ont eu toutes les peines à calmer. C'était le signe d'une agressivité latente que l'Ouest n'a pas comprise.

L'autre raison est finement décrite par Robert Kagan, l'un des néoconservateurs du Parti républicain de l'époque : à mesure qu'un pays engrange les succès économiques et monte en niveau de vie, il devient, non pas plus tolérant avec les obstacles qui se dressent sur sa route, mais de moins en moins patient[4]. Le succès change la psychologie collective, exactement comme il transforme celle d'un individu. Il donne un sentiment de confiance qui nourrit l'agressivité et le nationalisme.

L'excellent Kagan retrouve, à partir d'un chemin différent, la loi qu'avait décrite Paul Kennedy : tout changement relatif dans la croissance et les revenus provoque une inflexion dans les rapports de force militaires et géostratégiques. Derrière la puissance militaire, il y a toujours les succès de l'économie. Car il faut de l'argent pour acheter ou construire des armes. La Chine en donne une spectaculaire illustration. Entre 2008 et 2022, son budget militaire a été multiplié par près de quatre, en yuans courants. Et encore, si l'on en croit certains responsables du Pentagone américain, le chiffre serait en réalité trois fois supérieur. Avec un objectif caractéristique des empires dont la puissance est en phase ascendante : développer la capacité de projection loin des frontières nationales. En décembre 2024, les Chinois ont lancé le plus grand vaisseau amphibie du monde, le *Sichuan* (260 mètres de long) dont le programme avait débuté seulement quatre ans auparavant. Un navire apte à faire décoller de son pont des drones de grande envergure. Quelques jours avant, le nouveau chasseur aérien furtif de sixième génération, le J-35, avait effectué son premier vol à Chengdu, pour le 131e anniversaire de Mao Zedong. En 2023, Pékin avait baptisé son troisième porte-avions, le premier conçu et fabriqué en Chine même. Même s'il est propulsé par des moyens conventionnels et que son rayon d'action est inférieur à ses homologues américains, il représente une amélioration substantielle par rapport aux précédents.

Au fil des premières années du XXIe siècle, cette assertivité nouvelle de la Chine se manifeste surtout sur la mer. À Taïwan et dans la mer de Chine, avec les algarades incessantes qui mettent aux prises les navires chinois aux bateaux vietnamiens et philippins. Pékin considère en effet cette mer et ses eaux internationales comme une sorte de lac intérieur, sur laquelle sa flotte militaire et commerciale doit pouvoir agir comme elle l'entend. Il s'agit, plus fondamentalement, de protéger l'approvisionnement du pays en matières premières et en énergie, qui arrivent à 90 % par la mer. La Chine, entourée par dix-neuf pays dont certains sont instables, entretient une sorte de complexe obsidional : l'obsession de l'assiégé. Et plus le temps passe, plus ses prétentions s'élargissent. Elles visent désormais toute la vaste zone indo-pacifique, jusqu'ici sous contrôle de la puissante 7e flotte américaine.

Sur la terre, la Chine développe son ambitieux projet des « nouvelles routes de la soie », des axes tout à la fois commerciaux, financiers et diplomatiques, destinés à satisfaire les intérêts chinois sous couvert du gloubi-boulga communiste de l'« amitié entre les peuples ». En Afrique, en Asie, au Moyen-Orient, le pouvoir de Pékin et ses satellites publics multiplient les prises de contrôle de terres agricoles, de ressources minières et d'infrastructures de transport. La Chine va jusqu'à conclure une alliance étroite avec la Russie, formalisée en 2022 mais initiée bien avant, au nom de l'« amitié éternelle » entre les deux pays. Amitié aiguisée bien sûr par les visées chinoises sur les vastes réserves de matières premières que possède la Russie… C'est toute la stratégie géniale de Kissinger, commencée un demi-siècle plus tôt, qui est mise à mal par le rétablissement de l'alliance sino-russe. Lentement, mais de façon déterminée, la pieuvre chinoise déploie ses tentacules.

En 2013, un nouvel apparatchik arrive au pouvoir à Pékin, Xi Jinping. Communiste à bloc, il rétablit le culte de la personnalité, freine les réformes et revendique désormais ouvertement Taïwan, ainsi que la première place économique mondiale, pour le centenaire de la prise de pouvoir de Mao Zedong, en 1949. Avec lui, les faux-semblants ont disparu.

Barack Obama aura été le premier président américain à percevoir la menace chinoise sous son jour véritable. En 2011, il inaugure la stratégie du « pivot asiatique » : basculement des forces navales vers l'indo-pacifique et accords divers avec les pays de la zone, pour contrer l'influence chinoise. Mais ce n'est qu'avec la première élection de Trump, en 2016, que les Américains prennent la véritable mesure du défi chinois. Dès son arrivée au pouvoir, le milliardaire pointe l'empire du Milieu comme un dangereux rival, avec une lucidité qu'il faut lui reconnaître. Joe Biden, son successeur, lui emboîtera d'ailleurs le pas sans nuance : il est devenu évident que la Chine se place en rivalité avec les États-Unis. Biden mettra en place des restrictions de plus en plus importantes sur les exportations en Chine de matériel technologique, en particulier des semi-conducteurs de dernière génération, qui servent à faire tourner les moteurs d'intelligence artificielle. Cette technologie critique permet en effet de développer des armes beaucoup plus performantes. Et il renforcera sa présence dans la zone indo-pacifique en créant une nouvelle alliance, l'AUKUS, entre les États-Unis, l'Australie et le Royaume-Uni – la France le paiera cher, car elle se fera proprement éjecter d'un gigantesque contrat qu'elle avait pourtant conclu pour équiper Canberra en sous-marins.

Trump II va dans la même voie, mais beaucoup plus loin qu'on ne pouvait l'imaginer. Non seulement en assommant la Chine de droits de douane et de restrictions à l'investissement et à l'exportation, mais en se rapprochant de la Russie, au début 2025. Dans l'espoir de régler la guerre d'Ukraine, de rétablir le business avec Moscou, mais surtout afin de casser le mariage entre l'usine du monde, la Chine, et le plus gros coffre-fort de matières premières de la planète, la Russie. Il a voulu refaire le coup de Nixon, mais à l'envers, pour isoler Pékin.

Comme toujours, l'Europe est en retard. Il faut dire qu'elle a moins à perdre, n'étant pas une superpuissance. Elle se plie de mauvaise grâce aux injonctions américaines pour contenir la puissance technologique chinoise. En limitant l'accès de Huawei, le géant des télécoms chinois, à ses réseaux de téléphonie. Ou en réduisant les ventes en Chine des machines à graver le silicium, fabriquées par une société néerlandaise, ASML. Bruxelles finit pourtant par adopter un document qualifiant la Chine de « rival systémique » – les fonctionnaires de la Commission singent le vocabulaire américain.

Pour le Vieux Continent, le danger est en réalité d'abord économique. Parce que les Chinois attaquent son marché et lessivent les industriels dans tous les secteurs. Y compris le secteur roi, l'automobile. À l'occasion du passage à l'électrique, nos constructeurs perdent la barrière à l'entrée qui les avait protégés – l'excellence technique de leurs moteurs à combustion – et découvrent que ce sont les Chinois qui disposent désormais de la protection, grâce à leur savoir-faire en matière de batterie et de systèmes électroniques. Un renversement complet du rapport de force ! En 2024, le marché automobile chinois, le plus grand du monde, a vu pour la première fois le nombre de ventes de véhicules neufs électriques dépasser celui des voitures à carburation.

Au début des années 2020, la Chine est le premier industriel et le premier exportateur du monde. Et elle possède la marine militaire la plus importante de la planète. Les spécialistes prolongent les courbes, et leur conviction est sans partage : la Chine dépassera bien les États-Unis, et cela avant 2049.

4

Sud global et déclin de l'Occident

La cause qui a fait dérailler le monde est donc double. À la fatigue impériale des États-Unis s'ajoute l'émergence d'un rival potentiel, la Chine. Les deux événements se sont révélés de façon simultanée, comme les deux faces d'une même pièce. Pile, l'Oncle Sam ne veut plus assumer son rôle de maître du monde. Face, la Chine nourrit un désir ardent d'occuper la place, ou à tout le moins de ne plus subir un ordre édicté par les autres.

Comme dans un système mafieux, dès lors que le parrain n'est plus redouté, les appétits s'aiguisent. Appétits d'autant plus désinhibés que la dynamique de la puissance industrielle et militaire semble présager d'un retournement en faveur de la Chine. Pourquoi diable respecter un ordre international si le plus fort n'est plus prêt à punir les contrevenants, et qu'il va être remplacé ? Pourquoi ne pas profiter de l'interrègne pour faire valoir des intérêts stratégiques et territoriaux jusqu'ici muselés par les diktats de la puissance suprême, et montrer les dents ? La période du « grand remplacement », ou plutôt du remplacement du grand, est idéale pour tenter de reconstituer sa zone d'influence. Ici, c'est l'Empire russe, malmené et humilié par la victoire américaine de la fin du XXe siècle. Là, c'est l'Empire ottoman. Là encore, c'est l'Empire chinois, à qui il manque Taïwan, une pièce essentielle du point de vue historique, car l'île appartenait aux « fils du Ciel », les empereurs de naguère. Stratégique, car c'est un point d'appui pour le contrôle de la mer de Chine, une sorte de porte-avions géant. Et technologique, puisque les industriels les plus avancés en matière de semi-conducteurs sont installés à Taïwan.

Voilà donc l'arrière-plan de l'invasion de la Crimée et de l'Ukraine par Moscou. Certes, il y a à ces agressions des causes proprement russes, qui tiennent à l'histoire de la Russie, où alternent les périodes de proximité et d'antagonisme avec l'Occident. Vladislav Sourkov, éminence grise de Poutine, voit ainsi dans les aventures militaires de son chef en Europe la « fin de l'épique voyage de la Russie vers l'ouest, l'aboutissement de ses tentatives aussi nombreuses que stériles de s'intégrer à la civilisation occidentale, de s'unir à la “bonne famille” des Européens ». Mais le moment choisi pour la confrontation n'a rien de hasardeux : Poutine a profité de la fin du siècle américain. Tout comme le dictateur fou de Corée du Nord multiplie les provocations en tirant des missiles, sous l'œil complaisant des Chinois. Tout comme le Hamas a déchaîné une violence barbare contre Israël en octobre 2023, les Houtis yéménites en mer Rouge, le Hezbollah au Liban, ces derniers étant excités et armés par la République islamique de Téhéran, et bien sûr la Chine à Taïwan.

Tous ces conflits sont en réalité les théâtres d'une même guerre, livrée contre un Occident élargi à ses alliés proches. L'affaiblissement américain et l'ascension de la Chine ont réveillé toutes les rancœurs de la planète. Voilà l'explication du désordre du monde.

Cette troisième guerre mondiale qui ne dit pas son nom est livrée par un ensemble hétéroclite de pays qu'on appelle le « Sud global ». Un Sud dont la définition suscite des controverses. Certains le décrivent comme l'association des régimes autoritaires combattant les démocraties. C'est vrai qu'il y a dans leurs rangs de nombreuses dictatures, à commencer par la Chine et la Russie. Pour autant, cette définition est imparfaite. Car le troisième géant du Sud global, l'Inde, est une démocratie – dérivant, il est vrai, vers l'illibéralisme, sous la direction de Modi. Les anciens colonisés contre les ex-colonisateurs ? Il y a beaucoup de cela. De façon éclairante, le président chinois Xi Jinping a introduit les derniers travaux du sommet sino-africain en rappelant que « la voie occidentale a infligé de profondes souffrances aux pays en développement ». Pékin utilise d'ailleurs largement cet argument pour mettre les autres pays en coupe réglée dans son projet de « routes de la soie ». Mais là non plus, le concept n'épouse pas parfaitement la réalité, car la Russie n'a jamais été colonisée, ni même envahie durablement, alors qu'elle se veut appartenir au Sud global. Si elle a souvent pris fait et cause pour les luttes de libération coloniale, au Vietnam et en Afrique notamment, elle l'a fait davantage pour des raisons stratégiques et pour étendre sa zone d'influence avec la révolution communiste. Et du temps de Brejnev, elle s'est souvent montrée impérialiste, sinon proprement colonisatrice. À l'inverse, les Philippines, ex-pays colonisé, appartiennent plutôt à la sphère américaine, donc occidentale, à cause de leur inimitié croissante avec leur puissant voisin, la Chine.

Il s'agit en réalité de tous les ennemis de l'Occident : *The West and the Rest* (« L'Ouest et le reste »), pour reprendre une formule de l'historien Niall Ferguson, tel est le nouveau partage du monde. Un vaste ensemble hétérogène, cimenté par le ressentiment vis-à-vis de la férule des anciens colonisateurs, désireux d'infléchir à leur profit un ordre international existant depuis la Seconde Guerre mondiale et renforcé encore par la prévalence des États-Unis depuis la disparition des Soviétiques. Il n'a pas d'existence formelle, sinon au travers d'organisations plus ou moins solides. Celle des BRICS par exemple, un acronyme curieusement inventé par un analyste financier de la banque d'investissement américaine Goldman Sachs : Brésil, Russie, Inde, Chine et Afrique du Sud. Au départ, il ne s'agissait que de qualifier un groupe de pays émergents qui constituaient, tant à cause de leur croissance économique que de leur démographie, un vaste réservoir d'expansion commerciale pour les exportations des pays riches. Ainsi désignés par les autres, les BRICS se sont pris au jeu, ont créé un secrétariat et des sommets, et accueilli de nouveaux membres, parmi lesquels l'Égypte, l'Iran, l'Arabie saoudite. Il s'agissait de faire contrepoids au « directoire mondial » qu'est le G7, dominé par les Occidentaux. Autre organisation en devenir : l'Organisation de coopération de Shanghai (OCS), fondée par la Chine, qui regroupe une vingtaine de membres ou partenaires autour de discussions commerciales et stratégiques sur l'Asie centrale.

Ce Sud global n'est pas homogène, il est lui aussi traversé par les inimitiés et les rivalités. L'Inde abhorre la Chine, à cause de différends frontaliers qui s'enveniment de temps à autre. Et nul doute que les Indiens, désormais le pays le plus peuplé du monde, ne se croient prédestinés à devenir une superpuissance au moins égale à celle de l'empire du Milieu. La Chine elle-même, par-delà ses protestations d'amitié pour le régime de Poutine, méprise la Russie. Et on pourrait relever ainsi de nombreux conflits intra-Sud, plus ou moins profonds.

De plus, la ligne de partage entre les deux hémisphères s'est quelque peu brouillée au début 2025, lorsque Trump a pris parti pour la Russie dans la négociation sur le cessez-le-feu en Ukraine. Si le chef de l'Occident passe à l'ennemi en flattant l'une des grandes puissances sudistes, et cela, contre l'Europe et sa protégée, l'Ukraine, que reste-t-il du camp occidental ? La ligne nouvelle de l'Amérique pourrait d'ailleurs faire bouger toutes les alliances. La Chine, qui pourrait sembler victime de ce réalignement, saura ainsi trouver des opportunités diplomatiques nouvelles pour conforter son projet de puissance. Tous les ennemis de l'Amérique sont, pour elle, des amis potentiels, ce qui va la rapprocher immanquablement de certains ex-alliés des États-Unis. La ligne de front entre l'Ouest et le reste n'est donc pas stabilisée.

Pour autant, rien ne peut contrer durablement l'histoire et la géographie. Ces deux puissants facteurs feront immanquablement réémerger la fracture, comme une cicatrice réapparaît lorsqu'on frappe la peau. L'accord entre Trump et la Russie, si même il se confirmait, n'a pas le pouvoir d'aller à rebours.

Car sur le fond, le poids relatif de l'Occident face au reste du monde se réduit, même si l'Amérique fait de la résistance sur le plan économique. Ce déclin s'est accéléré à la fin du XXe siècle, sous la poussée formidable des pays émergents, qui ont connu alors leurs Trente Glorieuses, comme l'avait annoncé lui-même l'auteur de la formule, l'économiste Jean Fourastié, dès les années 1970. Et surtout, le ressentiment contre l'Ouest est immense, nourri par cinq siècles de prédation. Parce que le fondement de sa puissance a été une violence continue exercée de façon quasi universelle durant plusieurs centaines d'années[1]. « Tôt ou tard, l'Occident sera puni de la complaisance avec laquelle il a pensé être arrivé au sommet, alors qu'il malmenait les autres civilisations… [et il] devra accepter la rééducation que donne l'unification du monde[2] », notait déjà l'historien anglais Arnold Toynbee.

Le désir farouche des Chinois de restaurer leur grandeur passée ne sera pas davantage entravé par les dangereuses facéties trumpiennes. Au contraire. Le rapprochement des deux « méchants », l'Américain et le Russe, ouvre à la Chine l'opportunité de se déguiser en gentil maître du monde, œuvrant pour la prospérité commune dans la coexistence pacifique, selon les formules creuses du Parti communiste. En Europe, par exemple. Car le Vieux Continent, frustré par les rebuffades et les coups de Jarnac de Trump, va chercher à diversifier ses relations, alors qu'il était relativement soumis à l'Amérique jusqu'ici. Dès la fin février, le ministre espagnol des Affaires étrangères José Manuel Albares invitait l'Europe à définir elle-même sa politique vis-à-vis de Pékin, au lieu de singer

Washington en reprenant la rhétorique agressive de l'Amérique[3].

Il est temps de remarquer que nous nous sommes complètement trompés sur la direction idéologique et stratégique qu'allait emprunter le Nouveau Monde, dans les années 1990 et 2000. Après la chute du Mur, nous imaginions qu'il allait nous rejoindre sur le plan politique, en adoptant la démocratie, et économique, en ouvrant ses frontières au libre-échange mondial, de façon que nous puissions y vendre nos spécialités. Qui des automobiles, qui des armements, qui de la maroquinerie et du champagne. C'est l'illusion de Francis Fukuyama au sujet de la « fin de l'histoire » : l'image d'une terre plate qui aurait banni le nationalisme et la dictature. Et, plus encore, le sentiment trompeur qu'avaient la plupart des Occidentaux d'avoir édifié un système de valeurs indépassable auquel les autres ne pouvaient que se rallier, dès lors que la pesante tutelle communiste avait disparu. Nous croyions être au sommet de l'histoire, après avoir traversé les siècles d'obscurantisme et leurs épreuves. Nous tenions pour acquis, comme le dit Toynbee à propos des Anglais de l'ère victorienne, d'être solidement installés sur la terre ferme, protégés contre le courant incessant par lequel le temps avait englouti nos prédécesseurs[4].

Illusions. Dès 2001, le 11 septembre, les attentats contre les tours jumelles de New York témoignaient d'une terrible agressivité renaissante contre l'Ouest. Toynbee, encore lui, l'avait pronostiqué un demi-siècle plus tôt, voyant poindre la révolte d'un Islam qui chercherait à coaliser les prolétaires des temps modernes contre le maître du monde et ses alliés. Révolte qui n'a fait que s'amplifier depuis le début des années 2000, sous les habits changeants d'Al-Qaïda, de Daesh et de leurs épigones. Même les pays délivrés du joug communiste semblaient désorientés par leurs libertés nouvelles, incapables d'en profiter. Quand ils n'étaient pas carrément nostalgiques de l'ancien régime et de ses fers. C'est ainsi que Mikhaïl Gorbatchev, le dernier dirigeant soviétique, adulé à l'Ouest pour avoir fait disparaître le danger soviétique, était haï en Russie, parce que les citoyens y voyaient l'homme par lequel tout s'est effondré, et leur confort relatif, et la puissance de leur pays, livré aux mâchoires voraces des oligarques milliardaires.

C'est sur ce ressentiment que Poutine a bâti son pouvoir, avec une promesse simple : restaurer la grandeur de la Russie, après la brève éclipse libérale. Un tel projet installait immanquablement la Russie et son président dans une confrontation avec l'Europe et les États-Unis, non pas seulement sur le plan de la propriété des terres dans les marches de l'Empire, mais sur celui des valeurs : les valeurs traditionnelles de la famille, du genre, de la loyauté au pouvoir politique, opposées à la décadence supposée et à l'individualisme de l'Occident. Au fil du temps, le projet poutinien s'est changé en croisade à l'envers. Contre l'Occident cette fois.

Cette dérive n'a pas été le fait exclusif de la Russie. Une bonne part du Sud global la partage. La Chine de Xi Jinping, tout d'abord. Retour d'un pouvoir autoritaire, restaurant le culte de la personnalité qui avait été abandonné par les successeurs de Mao. Reprise en main de l'économie par l'État, au détriment du secteur privé et des milliardaires – la mise au placard de Jack Ma, le fondateur d'Alibaba, l'Amazon chinois, a symbolisé cette purge. Accélération de l'équipement militaire. Et projet de reconstituer l'empire, sous des formes en apparence sympathiques et coopératives, avec les « nouvelles routes de la soie », ou au contraire brutales, comme les manœuvres navales autour de l'île de Taïwan.

L'Inde du Premier ministre Narendra Modi, la Turquie de Recep Tayyip Erdogan ont elles aussi entrepris le même voyage vers l'autoritarisme, le nationalisme et l'exaltation des valeurs et religions locales comme bouclier idéologique contre l'Ouest. L'évolution d'Erdogan est particulièrement frappante. L'auteur de ces lignes se souvient d'une rencontre avec lui, au début des années 2000, alors qu'il venait d'accéder au pouvoir comme Premier ministre. Encadré par son épouse et Miss Turquie (également Miss Monde cette année-là), il défendait avec beaucoup de conviction la modernisation économique de son pays selon les canons du Fonds monétaire international (FMI). Rien de tel aujourd'hui : le nouveau sultan se prend à rêver d'un retour de l'Empire ottoman et fait arrêter son principal opposant, le social-démocrate Ekrem Imamoglu, qui était maire d'Istanbul.

Tous ces régimes méprisent la démocratie occidentale, la considérant comme faible et paralysante. C'est pour eux le régime de pays déclinants, incapables de faire prévaloir l'intérêt de la nation sur celui de l'individu. Pire, ils se prévalent eux-mêmes de la démocratie, expliquant sans ciller qu'elle est comme une espèce de plante dont il existerait plusieurs variétés, dont aucune ne peut revendiquer d'être supérieure aux autres.

Il faut se rendre à l'évidence : la Grande Parenthèse n'a calmé ni la fureur impériale, ni l'autoritarisme politique ou le dirigisme économique. Au contraire. Après un temps de sidération devant l'hyperpuissance américaine, tous ces pays ont retrouvé la pente qui les éloigne des valeurs occidentales que nous croyions planétaires.

Sans doute avons-nous aussi mésusé de la victoire. Par ignorance. Par arrogance. Par exemple, lorsque les Américains ont poussé pour l'extension presque sans limite de l'OTAN à l'est de l'Europe. C'est la thèse du général Vincent Desportes, qui a occupé d'éminentes responsabilités dans l'armée française. Le président George W. Bush, en voulant faire entrer la Géorgie dans l'organisation militaire pilotée par les États-Unis, aurait agité un chiffon rouge, provoquant indirectement l'invasion de la petite république par Poutine, sous couvert de la défense de la minorité russophone. Il est incontestable que l'avancée de l'OTAN, si elle a semblé être acceptée dans un premier temps, a fini par aiguillonner les nationalistes moscovites, et en particulier le premier d'entre eux.

Mais, contrairement à la guerre froide, la guerre tiède d'aujourd'hui ne met pas aux prises deux blocs dont les parties seraient solidement arrimées les unes aux autres. À l'Ouest, Trump a fait exploser l'Occident, en malmenant ses alliés de trois générations, voire en leur extorquant de l'argent, comme un vulgaire chef de clan. Et il remet en cause lui-même l'une des alliances clés, l'OTAN, indiquant par exemple que le fameux article 5 du traité fondateur de l'organisation, qui prévoit l'assistance mutuelle en cas d'attaque de l'un des membres, n'a guère de valeur : « S'ils ne paient pas, je ne vais pas les défendre », déclarait-il devant des journalistes à la Maison-Blanche en mars dernier. Dans l'autre camp, le Sud, il n'y a pas plus de loyauté réciproque. À cause des inimitiés mentionnées plus haut. Parce que chacun joue ses propres cartes. L'Inde par exemple achète du pétrole russe, mais aussi des armes à la France, dont elle est l'un des premiers clients, et signe un partenariat stratégique avec l'Union européenne. La Turquie est tout aussi ambiguë, avec un pied en Occident (et dans l'OTAN) et un autre en Asie. Et enfin parce que la Chine ne veut pas compromettre sa trajectoire vers le sommet en s'aliénant durablement les bonnes grâces de tel ou tel pays. En réalité, toute la diplomatie et la stratégie de la Chine sont asservies à un seul objectif : nuire à la position dominante des États-Unis afin de les remplacer le jour venu. Mais elle cherche à minimiser les dommages collatéraux sur les autres parties prenantes, en particulier l'Europe. Elle n'a donc aucun intérêt à constituer des alliances stables qui figeraient une partie de l'Occident dans le camp des ennemis. Et elle y a encore moins intérêt depuis que Trump est président, et qu'il fait en quelque sorte le boulot pour elle, en s'éloignant de ses partenaires historiques, les laissant flotter comme des bouchons sur la mer agitée.

5

Le cycle des maîtres du monde

Le fait géopolitique majeur de nos temps modernes est donc l'affrontement entre la Chine et les États-Unis, sur fond de montée en puissance du « Sud global ». Affrontement qui porte sur le statut de maître du monde. Ce statut suscite le désir parce qu'il permet au pays qui l'obtient de faire prévaloir ses objectifs sur toute autre considération. Un statut assis sur la puissance militaire et technologique, les deux domaines étant liés l'un à l'autre, car si la course à la technologie est si pressante, par exemple sur l'intelligence artificielle, c'est parce que la maîtrise de nouveaux outils permet de construire des armes plus efficaces. Un statut qui libère celui qui le détient de toute contrainte. Le maître du monde n'a plus à se soucier de ménager les intérêts autres. Pour ses revendications territoriales bien sûr, qui ne risquent plus d'être contestées à l'ONU. Pour son système politique, qui ne sera pas davantage critiqué dans les enceintes internationales – la Chine est ainsi excédée par les remontrances qui lui sont adressées sur le traitement des Ouïghours, la minorité musulmane du Xinjiang, dans l'ouest du pays, ainsi que des leçons de démocratie qu'elle vit comme des humiliations.

Sur le plan économique, le maître du monde est tout aussi tranquille pour son approvisionnement en matières premières, grâce aux contrats léonins qu'il impose à ses fournisseurs. Pour l'ouverture des marchés à ses entreprises. Pour les règles juridiques qui déterminent la marche des contrats et des échanges. Et évidemment pour la suprématie financière, en particulier celle de la monnaie. Émettre la monnaie mondiale – le dollar aujourd'hui, la livre sterling au XIXe siècle – confère une grande liberté dans la conduite de la politique économique et budgétaire. Cela permet, théoriquement, de s'endetter sans limite, puisque la demande de dollars, la monnaie la plus sûre du monde, garantie par l'armée la plus puissante du monde, qui est acceptée dans tous les pays du monde, est à peu près insatiable. Même la mafia ne respecte que le billet vert pour les transactions de son économie parallèle. Le point est extrêmement important pour les États-Unis, qui ne veulent pas perdre cet attribut, même s'ils en subissent quelques servitudes, comme la relative surévaluation du dollar justement à cause de cette demande intarissable adressée par le reste du monde. Il l'est tout autant pour la Chine, qui cherche désormais à internationaliser son yuan, en libellant son commerce avec la Russie par exemple en monnaie chinoise. Pour la première fois, en 2023, les transactions commerciales de la Chine étaient majoritairement effectuées en yuan. Pékin pratique à ce sujet une stratégie des petits pas, dont la finalité de long terme est claire : détrôner la devise américaine et remplacer l'effigie de Lincoln par celle de Mao dans la poche de (presque) tous les terriens.

Le partage du risque est la grande affaire de la vie économique, et probablement de la vie en société. Lors d'une interaction ou d'une transaction, chacun des acteurs cherche toujours à minimiser son risque, au détriment des autres participants. Faute de pouvoir l'éliminer, il cherche à le quantifier dans un contrat pour l'atténuer. Dans les relations internationales, le maître du monde est celui qui a réussi à supprimer les aléas, il fait disparaître l'incertitude consubstantielle à la transaction grâce au rapport de force. Tous les risques pèsent donc sur ses partenaires, ce qui offre évidemment un confort sans pareil et un niveau de vie supérieur. Il s'agit en réalité d'une forme de prédation que la puissance autorise.

Les États-Unis et la Chine luttent donc pour le même objet. Mais pas de la même façon. La Chine travaille à l'ancienne, avec l'objectif de construire un ordre mondial au centre duquel elle se projette, exactement comme l'avaient fait les États-Unis à partir de 1945. Cette construction sophistiquée suppose de jouer tantôt de la carotte, tantôt du bâton – un habile mélange de loyauté et de menace. Ainsi, les États-Unis d'après-guerre ont-ils financé la reconstruction de l'Europe avec le plan Marshall tout en intervenant dans de nombreux pays pour soutenir ou renverser tel ou tel gouvernement, avec l'armée ou les services secrets. Dans un tel système, le chef n'hésite pas à investir en dépensant pour ses alliés, de façon à renforcer et prolonger son emprise. Car la finalité reste bien sûr la domination.

Dans les États-Unis d'aujourd'hui, en revanche, tout a changé avec la réélection de Donald Trump. Nul doute que l'administration américaine ne veuille absolument conserver la position de superpuissance. C'est du reste la raison de son animosité à l'encontre de la Chine. Mais elle n'est plus prête à dépenser des vies humaines et des centaines de milliards de dollars pour entretenir un ordre mondial. D'où le changement complet de stratégie vis-à-vis des alliés, de l'Europe en particulier : à eux de se débrouiller face aux dangers.

La différence de stratégie entre les deux compétiteurs s'explique très bien par leurs positions dans le cycle de la puissance. La Chine, aspirant maître du monde, cherche à étendre géographiquement son influence. Elle dévoue d'ailleurs son effort militaire au développement de capacités de projection de son armée, on l'a vu. Les États-Unis au contraire abandonnent la projection, et vont se concentrer sur la construction d'un dôme antimissile analogue à celui qui protège Israël. Une stratégie qui procède d'une expérience désagréable, celle de la surexposition impériale décrite plus haut. Après avoir souffert de la dispersion, l'Amérique cherche à se maintenir avec une économie de moyens – la stratégie d'un maître du monde sur la pente du déclin.

Le maître du monde en devenir contre le vieux qui fait de la résistance, tel est l'affrontement qui domine la scène géopolitique mondiale actuelle. Nous serions dans ce que Graham Allison appelle le « piège de Thucydide[1] ». Thucydide, historien, lui-même militaire, a en effet raconté la lutte féroce entre les États-Unis de l'époque, c'est-à-dire Athènes, et la Chine, c'est-à-dire

Sparte, dans son ouvrage *La Guerre du Péloponnèse*. Cette guerre du Ve siècle av. J.-C., conclue par la victoire de Sparte qui domine alors la Grèce, est pour Allison la matrice de l'histoire géopolitique mondiale, dans laquelle les maîtres du monde se succèdent au fil des siècles. « Le piège de Thucydide désigne l'inévitable bouleversement qui se produit quand une puissance ascendante menace de supplanter une puissance établie. [...] Au cours des cinq derniers siècles, il est arrivé à seize reprises qu'une puissance montante menace de remplacer la grande puissance régnante. Dans douze cas, cette situation s'est soldée par une guerre. Quant aux quatre fois où la guerre a pu être évitée, cela n'a été possible que grâce à des ajustements de taille, de part et d'autre, dans les actes comme dans les attitudes », explique le professeur de l'université de Harvard, conseiller de plusieurs gouvernements américains.

Nous serions donc à la veille de la grande explication séculaire, marchant sans le savoir dans le même sillon que nos ancêtres, qui avaient assisté à la lutte du Japon contre les États-Unis dans la première moitié du XXe siècle. À celle de l'Angleterre contre les Pays-Bas d'abord, et contre la France au tournant de la fin du XVIIIe siècle. Celle des Pays-Bas contre l'Espagne auparavant. Celle de l'Espagne et du Portugal vainqueurs contre l'Italie, encore auparavant, et se partageant la planète avec le traité de Tordesillas, en 1494.

Si l'on suit ce schéma explicatif de l'histoire, qui a le mérite d'identifier un invariant qui se reproduit de loin en loin, nous sommes dans la phase de transition entre deux règnes. Et c'est le choc des deux belligérants qui explique les désordres du monde. Cette fois-ci, la lutte a un enjeu supplémentaire, considérable : c'est la première fois depuis plus de cinq siècles que la couronne quitterait l'Occident, pour revenir là où elle a longtemps été portée, en Asie. La victoire de la Chine sur les États-Unis clôturerait l'extraordinaire expansion de l'Occident, inaugurée par les grandes découvertes de la fin du XVe siècle, et l'asservissement du reste du monde qu'avait commencé une bande d'aventuriers violents et sans scrupule traversant les océans sur des caravelles.

6

La Chine, combien de divisions ?

La Chine produit désormais à elle seule davantage que toutes les autres industries du monde. Même sur les secteurs réputés inatteignables, comme les biotechnologies, elle a fait un bond considérable, mettant sur le marché 1 200 nouveaux médicaments l'année dernière, davantage que l'Europe et presque autant que les États-Unis. Malgré tout cela, malgré l'ampleur de son investissement militaire, il est très peu probable que la Chine arrive au firmament et referme la longue domination de l'Occident ouverte en 1492 : la Chine ne sera pas le prochain maître du monde.

Et cela d'abord pour des raisons démographiques. Le socle de la prospérité chinoise du dernier demi-siècle, c'était l'explosion du nombre d'actifs entre 1980 et 2015, conséquence du baby-boom des années 1950 et 1960, lorsque le pouvoir maoïste encourageait les Chinois à procréer massivement. Sur ces trente-cinq ans, le nombre de personnes entre 15 et 64 ans – le réservoir de la population active – avait gagné 350 millions d'individus, atteignant plus de 900 millions à son plus haut. Autrement dit, cette catégorie d'âge est passée de 55 % de la population en 1976 à

73 % en 2010. Le miracle économique chinois n'est pas autre chose que cela : un extraordinaire gonflement de la population en âge de travailler, qui a formé les légions de paysans quittant leurs provinces pour venir travailler dans les ateliers industriels de la côte est, eux-mêmes alimentant les marchés occidentaux.

Ce violent soulèvement démographique, unique au monde à cette échelle, est terminé. Il est même en train de s'inverser. Depuis 2010, les Chinois ayant entre 15 et 65 ans sont moins nombreux chaque année. En 2023, ils ne comptaient plus que pour 69 % de la population totale, alors que les plus de 65 ans amorçaient une montée qui va s'amplifier dans les décennies à venir. Ces dernières années, la Chine a perdu 7 millions d'actifs par an… Certes, il y a encore un stock considérable. Mais la pente va s'accentuer. D'ici 2050, ce sont plusieurs centaines de millions de travailleurs potentiels qui vont disparaître, accroissant les rangs des séniors. Et si l'on se projette encore plus, en 2080, la Chine pourrait connaître un taux de dépendance – le ratio entre les actifs et les inactifs, principalement les séniors –, de 80 %. Un actif pour quatre sans travail !

Malgré l'immigration qui augmente sensiblement, notamment en provenance du Vietnam ou de la Birmanie, il n'y a aucune chance que le rétrécissement chinois s'interrompe. En 2024, pour la troisième année consécutive, la population totale chinoise a diminué, le nombre de décès étant supérieur à celui des naissances, désormais inférieur à 10 millions par an – c'était encore 20 millions en 2010. Dureté des conditions de vie en ville, particulièrement pour le logement, incertitudes sur l'emploi, coût croissant de la santé, tout a concouru à faire disparaître le désir d'enfant. Sans oublier la difficulté à trouver un partenaire. À l'époque de la politique de l'enfant unique, les avortements de fœtus féminins étaient nombreux dans les campagnes, tant la religion du fils est forte en Chine. Trente ans plus tard, il existe un déséquilibre considérable entre le nombre de femmes en âge de procréer et les hommes de même génération, qui va jusqu'à 8 % dans certaines régions du pays.

Il y a bien sûr des moyens de contrer en partie cet effondrement démographique. L'immigration, bien sûr. La hausse de la productivité, grâce à la robotisation et aux nouvelles technologies de l'intelligence artificielle – la Chine est le pays qui installe le plus de robots dans les usines. Et l'augmentation du taux d'activité. En 2023, malgré de puissants vents démographiques contraires, la Chine est parvenue à augmenter de près de sept millions le nombre d'actifs, en faisant travailler plus longtemps les séniors. En 2024, le pays a également repoussé l'âge d'ouverture des droits à la retraite.

Mais cela ne suffira pas. Car la santé et la retraite vont mobiliser des ressources croissantes. La Chine va donc complètement changer de priorité dans les prochaines décennies. D'usine du monde qu'il était, l'empire du Milieu va devenir le plus grand Ehpad de la planète. C'est la première fois qu'un pays non intégralement développé va connaître un vieillissement aussi rapide, de surcroît à une échelle aussi grande. Les conséquences économiques devraient être tout aussi spectaculaires lors de la décrue qu'elles l'ont été lors de la montée démographique.

Cette perspective de déclin pourrait évidemment radicaliser le pouvoir chinois dans son désir de conquête et de puissance, surtout dans les toutes prochaines années, la dernière fenêtre avant l'affaissement brutal. Comme en Russie, où le pouvoir a trouvé dans le déclin démographique une motivation supplémentaire pour faire la guerre et tenter de reconstituer l'Union soviétique. Ce n'est pourtant pas l'avis de Nicholas Eberstadt, du think tank American Enterprise Institute, qui estime que cette révolution pourrait bien amoindrir l'envie de se battre des Chinois[1]. De plus, ajoute-t-il, à cause de la politique de l'enfant unique et de l'effondrement des naissances même après son abandon par le pouvoir, l'armée chinoise sera composée de jeunes sans frères ni sœurs. Qu'une guerre ait lieu, et ce seraient des générations en risque de disparaître complètement, laissant de nombreuses familles sans descendance. Une perspective qui, selon le chercheur, n'empêcherait peut-être pas les Chinois de se battre contre une invasion extérieure, mais les rendrait probablement beaucoup moins enclins à tenter l'aventure militaire à l'étranger. En résumé, un pays aux berceaux vides aura les plus grandes difficultés à soutenir son rêve de puissance.

L'autre difficulté majeure de la Chine pour les temps qui viennent, c'est l'économie. Non seulement parce que la base démographique s'érode, mais parce qu'elle fait face à une crise structurelle de première importance. Crise qui est souvent attribuée à l'explosion de la bulle immobilière. Et il est vrai que les prix des logements ont chuté de 30 % en moyenne depuis 2021. Un dégonflement qui aurait fait disparaître 18 000 milliards de dollars de richesse dans le bilan des ménages et des entreprises. Avec des conséquences graves sur le bilan des banques, à cause des faillites de promoteurs – la moitié d'entre eux seraient insolvables. La mécanique est classique, mais en Chine il faut rajouter un zéro à tous les chiffres, à cause de la taille du pays. Conséquence, l'immobilier ne pèse plus que pour 19 % dans le PIB, alors qu'il approchait de 25 % du temps des années folles. L'autre effet d'entraînement dépressif porte sur les finances des provinces et des municipalités, qui se sont massivement endettées en donnant des terrains comme garanties. Terrains dont la valeur a sérieusement chuté. Là encore, c'est le système bancaire qui est exposé.

De loin en loin, le gouvernement fait jouer l'ardoise magique, en réinjectant du capital dans les établissements financiers. Mais c'est de plus en plus coûteux, à cause d'un effet de ciseau : les montants de pertes à éponger sont bien plus élevés que naguère, alors que les ressources se raréfient, à cause du ralentissement de la croissance aux alentours de 5 % officiellement. En outre, le climat déflationniste persistant, avec une baisse générale des prix, fait grimper le poids relatif des dettes du passé – c'est ce que l'économiste américain Irving Fisher, commentant une situation analogue dans les États-Unis des années 1930, avait appelé la « *debt-deflation* », la déflation par la dette[2]. Il y a trente ans, tant que le PIB progressait de plus de 20 % par an, à la fois à cause de la croissance et de l'inflation, le coût réel des dettes diminuait beaucoup d'un an sur l'autre. C'est fini. Tout cela pèse sur le moral des ménages, et contribue à maintenir la consommation à un niveau faible, phénomène très atypique pour un pays à ce stade de développement.

Pour autant, ce n'est pas le plus grave. C'est le modèle de croissance même de la Chine qui est vicié. Pour contrer le ralentissement de la croissance à l'œuvre depuis le début de la décennie 2010, le pouvoir politique a massivement investi dans de nouvelles capacités de production : de l'acier, du verre, de l'aluminium, des panneaux photovoltaïques, des machines-outils robotisées, des batteries, des véhicules électriques. Des usines qui visent les marchés de l'exportation, dans l'espoir de tirer l'activité intérieure du pays. La Chine a ainsi accumulé plus de 1 000 milliards de dollars d'excédents commerciaux en 2024. Mais les investissements sont tels – décidés par les fonctionnaires du pouvoir central ou des provinces, et non par les patrons des entreprises – que bon nombre d'entre eux sont inutiles et alimentent une surproduction qui fait chuter les prix, et donc les bénéfices des exportateurs, sans parler du bilan des concurrents étrangers. L'investissement représente 40 % de l'activité sur les trente dernières années en moyenne, selon l'économiste Michael Pettis. On estime ainsi que la Chine fabrique deux fois plus de panneaux solaires que ce que demande le marché mondial. « La Chine est tout simplement devenue trop grande pour le monde », pour la secrétaire au Trésor américain de l'équipe Biden, Janet Yellen.

Sous l'effet de ces décisions politiques, l'usine du monde se dirige à grande vitesse vers le mur. Et c'est d'autant plus problématique que le bilan des banques est déjà affecté par la crise de l'immobilier. Quant à celui des provinces, il est vermoulu par les crédits douteux, sinon irrécouvrables, estimés à 800 milliards de dollars. Incompétence, bureaucratie, politisation excessive des décisions de business, dissimulation des vrais problèmes de façon à éviter les réprimandes du Parti communiste, tout cela contribue à préparer un désastre économique. Sans compter le mensonge délibéré sur les chiffres de l'économie. De plus en plus d'observateurs doutent que la croissance réelle du pays soit de 5 %, comme le proclament les responsables du parti. Ce chiffre n'est pas cohérent avec d'autres indicateurs, comme la consommation d'électricité et la montée du chômage.

Il y aurait bien un moyen de sortir du piège du surinvestissement : faire monter la part de la consommation dans le PIB, de façon que la demande intérieure prenne le relais des exportations. Cette transition a été mise en œuvre par la plupart des pays émergents. Et il y a un même levier qui permettrait d'atteindre cet objectif : la montée du taux de change de la monnaie par rapport au reste du monde, qui gonflerait les revenus intérieurs et rendrait les exportations moins compétitives. C'est ce qu'a connu le Japon à partir du milieu des années 1980, avec l'« endaka » (le yen fort), qui a à la fois renchéri les exportations et augmenté considérablement le pouvoir d'achat des ménages nippons. Ce qui a permis à l'archipel de rééquilibrer les moteurs de sa croissance. Tous les ex-« dragons d'Asie », Thaïlande en tête, ont subi une telle appréciation de leur devise face au dollar, au prix, il est vrai, d'une violente crise financière à la fin des années 1990, qui a vu les capitaux fuir massivement et précipiter les stars de la croissance dans la récession.

C'est justement pour éviter ce désagrément que la Chine a toujours refusé de rendre sa monnaie intégralement convertible, de façon à conserver un certain contrôle sur les flux de capitaux internationaux qui franchissent ses frontières. À cette préoccupation s'est ajouté l'objectif de préserver la compétitivité du pays à l'export grâce à une monnaie dont le taux de change est fixé par la banque centrale de Chine, à un niveau artificiellement faible. Objectif atteint, mais non sans effet pervers. Car du coup, les revenus intérieurs chinois restent faibles, ce qui entretient la dépendance vis-à-vis des marchés extérieurs. La Chine de 2025 se trouve donc prise dans le piège de la croissance faible, perspective d'autant plus étroite que le protectionnisme monte de toutes parts : il y a là une impasse stratégique que l'actuel pouvoir ne veut pas reconnaître. La crise financière est évitée, mais un autre déséquilibre subreptice se manifeste : la déflation, c'est-à-dire la baisse générale des prix sous l'effet de dettes accumulées trop lourdes à rembourser et de la rétraction des débouchés commerciaux. Certains économistes vont jusqu'à pronostiquer le syndrome japonais, identique à la crise qu'a traversée l'archipel après l'explosion de sa bulle immobilière. Une longue période de croissance zéro, ponctuée de plans de relance qui sont comme des seaux d'eau versés sur du sable.

Quelque remarquable qu'ait été sa trajectoire depuis quarante-cinq ans, l'empire du Milieu laisse donc apparaître de profondes vulnérabilités, qui sont autant d'hypothèques pesant sur sa revendication à devenir le maître du monde. Un chiffre résume l'étau actuel : entre 2021 et 2023, la part de la Chine dans le PIB mondial a en réalité diminué, passant de 18,3 % à 16,9 % Tout comme le rapport entre le PIB chinois et le PIB américain, qui s'est détérioré sur ces deux années, alors qu'il n'avait fait que croître depuis le réveil chinois. Angus Maddison, l'homme qui a analysé les PIB de tous les pays sur le temps long, n'en croirait pas ses yeux.

Bien sûr, il y a dans ce recul le coût des erreurs magistrales de politique économique de Xi et de son équipe, à commencer par la politique « zéro Covid », qui a prolongé inutilement le confinement. Les campagnes politiques contre les milliardaires ont également constitué de puissants signaux dissuasifs pour le secteur privé, dont la part dans la croissance du pays a diminué. Mais une si forte inflexion de la tendance, au moment où l'Amérique alignait les performances, a laissé entrevoir une perspective qui aurait semblé incroyable avant le Covid : l'économie chinoise ne rattrapera peut-être jamais l'économie américaine, malgré la différence de population.

Le gouvernement chinois conteste bien sûr cette analyse. Une note de l'ambassade chinoise à Paris en témoigne. Oui, le PIB chinois comptait pour 76 % de celui de l'Amérique en 2021, alors que ce n'est plus que 65,3 % en 2023, concèdent d'abord les diplomates. Mais c'est le mode de calcul du PIB qui déforme la réalité, poursuivent-ils, en relevant les biais statistiques de l'exercice, de part et d'autre du Pacifique. Et ces économistes en service commandé de rappeler que la production industrielle de la Chine est supérieure à la totalité de celle des pays du G7… Si l'Amérique a pu se maintenir, c'est, selon eux, parce qu'elle a « fait tourner la planche à billets pour saccager le reste du monde » et qu'elle se repose « sur un marché boursier dopé par une fausse prospérité ». Même si les points techniques soulevés par la note sont pour certains parfaitement justifiés, une telle harangue témoigne bien de la sensibilité des Chinois sur ce thème, le point fort depuis presque un demi-siècle : la croissance de l'économie.

L'élection de Trump bouleverse évidemment les cartes dans le jeu stratégique des grandes puissances. Pour la Chine, l'arrivée des républicains a toujours été une bonne nouvelle. Pékin n'aime pas les démocrates, jugés menteurs et donneurs de leçons sur les droits de l'homme. La droite des républicains est certes plus brutale, mais au moins elle joue franc jeu. Cette fois-ci pourtant, il s'agit d'une droite complètement désinhibée, qui fait de la Chine sa première cible. Cela n'inquiète pas vraiment Pékin. Car la diplomatie grossière et prédatrice de Trump vis-à-vis de ses propres alliés rouvre le jeu pour elle en rendant possible un nouveau positionnement, celui de la puissance d'équilibre.

Jusqu'ici, la Chine ne faisait guère envie. Son image s'était lentement dégradée, passant du pays communiste pragmatique avec qui on pouvait traiter, au régime obtus de Xi Jinping. Vue de l'Occident, elle semblait désormais inscrite dans l'axe constitué avec Moscou et Téhéran – le club des méchants, une sorte de « Spectre » des films de James Bond. Un régime dictatorial, une société opprimante, une culture peu accessible. Certes, il y a bien le réseau social TikTok, extraordinairement populaire chez les jeunes, et les sites de vêtements Temu ou Shein, qui déversent leurs produits à vils prix sur la planète, voire une intelligence artificielle low cost, mais y a-t-il de quoi susciter l'adhésion ?

Or, l'aspirant maître du monde doit faire envie pour susciter les ralliements, par ses valeurs, son mode de vie, la qualité de ses dirigeants, son dynamisme économique ou scientifique, ses réalisations industrielles. La preuve en a encore été donnée en 2022, lors de l'enterrement de la reine Élisabeth II. Enterrement dont la cérémonie a été retransmise par la télévision auprès de quatre milliards de personnes dans le monde… Une très vieille dame, ayant passé sa vie à préserver et à faire vivre la tradition royale britannique cent cinquante ans après son apogée – régnait alors l'arrière-arrière-grand-mère d'Élisabeth, Victoria – suscitait encore l'intérêt d'un terrien sur deux ! C'est dire la puissance rémanente du *soft power* de l'empire. Quant aux États-Unis, leur ascension sur la scène mondiale a été évidemment portée par le « rêve américain » pour les générations nées après-guerre. Liberté individuelle et politique, mode de vie, type de consommation, habillement, musique, douceur de vie californienne, attractivité des universités, beauté et mythologie des grands espaces, tout cela a favorisé le rayonnement de l'Oncle Sam pendant des décennies.

Mais le changement d'attitude américain rouvre le jeu pour la Chine. Avec un président américain changé en « Néron incendiaire », pour reprendre les propos du sénateur Claude Malhuret, Xi et son costume Mao deviennent presque sympathiques. À tout le moins rassurants. Particulièrement auprès des alliés traditionnels de l'Amérique, l'Europe, le Canada et le Mexique, rudoyés et soumis à des chantages déshonorants. Et nous ne sommes qu'au début du mandat de Néron. Tous les espoirs sont donc permis à ceux qui voudront en exploiter les échecs.

Dans cette conjoncture géopolitique inédite, le risque pour la Chine serait bien sûr de voir l'allégeance russe se distendre si les relations économiques entre Moscou et Washington étaient rétablies – nul doute qu'elles ne soient restaurées bien plus tôt par les États-Unis que par l'Europe. La Chine perdrait alors une partie de son levier sur la Russie, car Moscou n'aurait plus besoin d'échapper aux sanctions occidentales en passant par les circuits commerciaux et financiers alternatifs construits par Pékin pour faire pièce à Washington. Pour autant, Poutine sera évidemment vigilant à ne pas mettre tous ses œufs dans le panier américain. Il y a fort à parier qu'il n'exploite l'arrogance et ce qu'il faut bien appeler la bêtise de Trump pour servir ses propres intérêts de court terme, et qu'il n'ait aucune intention d'en faire un allié durable. Le lien avec la Chine subsistera donc.

Quand bien même ce risque se matérialiserait, il pourrait être compensé par un changement de relations avec le reste du monde. Mécaniquement, l'affaiblissement de l'« amitié éternelle » entre Pékin et Moscou changerait l'image de la Chine, et lui permettrait de défendre ses projets pour l'ordre international. Lesquels seront d'autant mieux accueillis qu'ils se basent sur des traités et des organisations multilatérales, certaines existantes comme l'ONU ou l'OMC, d'autres en devenir. Il ne s'agit pas d'être naïf et de prendre au premier degré les déclarations des officiels qui font l'article d'une mondialisation sinocentrique où chaque pays aurait sa place. Mais il faut quand même noter que la Chine envisage d'exercer son magistère à l'« ancienne », comme le faisaient naguère les États-Unis. C'est-à-dire en emballant ses intérêts stratégiques sous un corpus de règles internationales acceptables. Un contraste total avec l'attitude de l'administration américaine actuelle.

Le « négationnisme » de l'administration Trump sur le changement climatique est aussi une aubaine pour Pékin. Si même elle reste l'un des plus gros pollueurs au monde, la Chine investit massivement dans les technologies et les énergies propres depuis des décennies. En 2024, elle a installé plus de 350 gigawatts de capacité en éolien et surtout solaire, soit 30 % de plus que l'année précédente, et davantage que le reste du monde… Les Chinois peuvent donc se présenter comme les champions de la cause climatique, face à une Amérique ignorante et dangereuse pour la planète. Plus largement, les stupidités proférées par les responsables américains dans bon nombre de domaines – les vaccins, l'aide internationale pour les pays les plus pauvres – ouvrent à la Chine un positionnement nouveau : celui de la puissance raisonnable, qui peut lui attirer des sympathies.

La position stratégique de la Chine, alors que l'affrontement entre les deux Titans se durcit, s'est donc améliorée, grâce à la politique « voyou » de l'Amérique trumpiste. Sur le plan militaire, la Chine n'a jamais été aussi puissante, grâce à un potentiel de construction navale considérable, qui la met dans une situation voisine à celle des États-Unis face au Japon dans les années 1940 : inférieure quant à l'état des forces actuel, mais pouvant profiter d'une dynamique industrielle essentielle en cas de conflit, grâce à la capacité hors norme de ses chantiers navals. Pour autant, cela n'entame pas les vulnérabilités structurelles de l'empire du Milieu, en matière démographique en particulier : la Chine n'a pas les moyens d'être le maître du monde de demain.

Plus encore, tous ceux qui connaissent le pays s'interrogent sur son désir profond. Contrairement à l'Occident, la Chine n'a jamais voulu sortir de ses frontières. Dans l'époque récente, sa seule tentative a été de vouloir donner une fameuse « leçon » au Vietnam, au printemps 1979. Expédition militaire fort médiocre lors de laquelle l'armée chinoise n'a pas brillé, contrairement aux forces militaires de l'ancien royaume tributaire, aguerries par les confrontations successives avec la France et les États-Unis.

Même à l'époque impériale, le pouvoir, plutôt que d'amasser des armes offensives, avait concentré ses ressources sur l'édification de la Grande Muraille, destinée à protéger et non à attaquer. Et le contraste est saisissant entre les grandes découvertes des Occidentaux conduites par des bandes armées qui ont pillé, soumis, anéanti les civilisations qu'ils découvraient, et les expéditions maritimes de l'amiral Zheng He, à peu près contemporaines. Ces grands voyages chinois, tout aussi ambitieux que ceux des Colomb et Magellan, avaient pour seul but de témoigner au reste du monde de la grandeur et de l'avancée technologique de l'empire du Milieu. Revenant à la cour après son périple, Zhang He fit un récit fort décevant des contrées qu'il avait observées, relatant leur état primitif. Au point que l'empereur décida alors d'interrompre la construction de bateaux pour les voyages au long cours, devant le peu d'intérêt qu'ils représentaient pour la Chine.

En réalité, l'empire du Milieu ne veut pas être le maître du monde parce qu'il pense l'être déjà, et cela depuis toujours – c'est d'ailleurs le sens du nom qu'il s'est donné. Si le pays est agressif vis-à-vis de l'Amérique, c'est davantage à cause de son complexe obsidional, celui de l'assiégé derrière la gigantesque muraille qu'il a construite. Parce qu'il ne veut plus subir les décisions des Occidentaux, auxquels il reproche les humiliations et les souffrances qu'il a subies depuis les guerres de l'opium. Parce qu'il veut manœuvrer à sa guise pour alimenter son ventre industriel en matières premières, afin de garantir sa croissance et son niveau de vie.

Cette équation, où se mêlent histoire, économie et démographie, rend tout à fait plausible une guerre avec les États-Unis, si la Chine considérait que ses intérêts vitaux étaient menacés, en particulier sur le devenir de Taïwan. Pour autant, elle n'autorise pas à penser que la Chine occupera un jour une position équivalente à celle des États-Unis et de l'Empire britannique à leur apogée.

7

L'Oncle Sam fait de la résistance

Alors que la Chine hésite au seuil de la puissance, l'Amérique conserve de beaux restes. Certes, lors de la période de transition, la puissance déclinante voit toujours son économie se fatiguer sous l'effet de la surexposition décrite par Paul Kennedy. Elle innove moins, et se laisse dépasser sur le plan technologique par la puissance ascendante. C'est ce qu'on avait observé avant la guerre de 1914. Sur les technologies capitales comme l'aéronautique, l'électricité et ses applications, l'automobile, c'est l'Amérique qui a pris la tête de la course, alors que le XIXe siècle avait été largement dominé par la machine à vapeur britannique. Henry Ford et sa Ford T révolutionnaire sont nés et ont prospéré en Amérique, pas au Royaume-Uni. Le moteur électrique a connu un essor formidable en Amérique, et avec lui les ascenseurs, qui ont permis de construire les gratte-ciel des villes américaines.

Aujourd'hui pourtant, la situation est différente. Le maître du monde déclinant conserve une avance technologique considérable. Dans le spatial par exemple, avec les fusées réutilisables d'Elon Musk. Dès 2023, Space X a réalisé 97 lancements de satellites, la moitié du total mondial, et l'écart n'a fait que croître depuis. La France et l'Europe, naguère leader mondial avec Ariane, sont distancées pour longtemps, car leur technologie est beaucoup plus lourde et coûteuse à mettre en œuvre. Cette avance américaine dans les lanceurs a déjà de lourdes conséquences. Sur les télécommunications par exemple, où seuls les Américains (Musk, toujours) disposent d'une constellation complète de satellites basse orbite qui offre un service sans égal, accessible en tout point du globe, indispensable pour conduire des opérations militaires comme en Ukraine. Sur la conquête spatiale elle-même, évidemment, et en particulier celle de Mars, programmée pour les toutes prochaines années. Pendant longtemps, la propriété de la Lune et de l'espace a été régie par un traité international de 1967, qui en affectait les dividendes à l'ensemble de l'humanité. Washington n'en a évidemment cure aujourd'hui, et compte bien coloniser ces nouveaux sols et sous-sols pour les exploiter à son profit, grâce à son avance technologique.

Autre domaine clé : l'intelligence artificielle. Il est évidemment trop tôt pour pronostiquer une victoire définitive dans ce domaine. Au début 2025, l'irruption d'une application chinoise, Deepseek, a ainsi stupéfié tous les spécialistes, à cause de ses fonctionnalités étendues et de son faible coût apparent, comparé aux tombereaux de milliards que les entreprises américaines dépensent pour obtenir un rendement équivalent. Certains ont même voulu y voir un « moment Spoutnik », faisant référence au lancement réussi par les Soviétiques, en 1957, du premier satellite placé autour de la terre. En Amérique, le choc avait été tel que l'administration avait alors mis les bouchées doubles pour rattraper – et dépasser – l'ennemi stratégique dans la conquête spatiale, jusqu'à l'alunissage de l'été 1969.

Reste que ce sont aujourd'hui les États-Unis qui possèdent la technologie des puces électroniques, ces cerveaux artificiels les plus évolués, fabriqués par l'entreprise Nvidia. Ce sont encore eux qui possèdent les fameux GAFA, les Google, Apple et autres mastodontes de la technologie, à la rentabilité éblouissante, qui autorise une puissance d'investissement sans équivalent sur le globe. Et leur permet de racheter toute innovation qui leur paraît stratégique, en couvrant d'or l'inventeur et son entreprise rachetée. En mars 2025, Google rachète ainsi une start-up israélienne, Wiz, spécialiste de la cybersécurité, pour 32 milliards de dollars en cash ! C'est encore en Amérique que l'écosystème intellectuel, avec les grandes universités, et financier, avec les circuits du capital-investissement, est le plus propice à l'éclosion de l'innovation, dans l'IA, dans le spatial, dans l'énergie décarbonée. Sur les dix entreprises les plus valorisées au monde sur le plan boursier, neuf étaient américaines en 2024. C'était seulement quatre sur dix en 1989.

Le maintien de l'avance américaine est donc à la fois manifeste, et tout à fait inhabituel lorsqu'on compare la période actuelle aux autres transitions. Même challengée, l'Amérique conserve des atouts importants. Cet avantage relatif s'explique par ce que l'on pourrait appeler l'« économie NBA », du nom de la ligue de basket-ball américaine, la plus importante du monde. Les clubs sont américains, mais ils recrutent les meilleurs talents du monde entier, jusqu'au Français Victor Wembanyama, qui joue chez les Spurs de

San Antonio. Les perspectives de carrière offertes par la ligue américaine sont telles, en termes de notoriété, de salaire et d'intérêt professionnel, que les clubs américains aimantent les meilleurs. Ils n'ont qu'à faire leur marché, et alimentent ainsi leur succès et leur business florissant avec des jeunes des quatre coins de la planète.

C'est exactement la même chose dans les autres secteurs. Pour un inventeur ou un entrepreneur, l'Amérique offre un écosystème incomparable, qui ouvre des perspectives de développement et de gain sans équivalent. L'Amérique attire donc les meilleurs dans les universités et le terreau de start-up qui les environne. Elon Musk est d'ailleurs sud-africain, et Jensen Huang, le fondateur de Nvidia, est un émigré taïwanais arrivé à neuf ans qui ne parlait pas anglais. Son entreprise vaut aujourd'hui 4 000 milliards de dollars. Quand bien même l'innovation naît ailleurs que sur le sol américain, elle s'y trouve transplantée, soit parce que l'entreprise est rachetée, soit parce que le fondateur lui-même veut se brancher sur les circuits de financement américains. On peut d'ailleurs se demander combien de temps Mistral, la pépite française de l'IA, auteur de l'application « Le Chat », tiendra en dehors des États-Unis. Le carburant financier pour se développer est en effet quasi illimité là-bas, alors que les investisseurs sont bien plus frileux en Europe. Et Mistral se bat contre des concurrents américains financés à hauteur de dizaines de milliards, OpenAI notamment.

L'« économie NBA » ne fonctionne pas seulement pour les talents. Elle attire aussi les investissements des entreprises comme jamais. En 2024, les États-Unis ont recueilli 14,3 % des flux mondiaux d'investissement industriel – c'était 11,6 % l'année précédente – occupant ainsi la première place mondiale. Au total, 2 100 projets d'installation ou de développement des usines existantes ont été commencés l'année dernière, quand la Chine en recueillait... 400, presque son record à la baisse, la France et l'Allemagne étant à peu près au même niveau. Les montants investis ont représenté 227 milliards de dollars, contre moins de 50 milliards dans l'empire du Milieu. Cette manne s'explique en partie par les puissantes incitations fiscales qu'avait mises en place le président Biden, dans le cadre de l'Inflation Reduction Act, et par le faible prix de l'énergie. En corollaire, les investissements sortants, à destination de l'étranger à partir des États-Unis, avaient fortement diminué : l'Amérique est au plus haut de la compétitivité.

Conséquence, les épargnants du monde entier apportent leurs économies aux États-Unis dans l'espoir de les faire fructifier, pour profiter de l'environnement unique. L'Europe expédie ainsi chaque année 300 milliards d'euros outre-Atlantique, selon le rapport de Mario Draghi, ancien président de la banque centrale européenne. Parce qu'ils comptent sur une rentabilité supérieure à celle qui est offerte par les entreprises cotées sur le Vieux Continent. Autrement dit, la meilleure chance pour Mistral de se faire financer par du capital européen est de se faire coter sur le marché boursier américain ! Un comble.

L'Amérique siphonne donc à la fois les talents et l'argent pour les financer, sans exercer aucune contrainte, grâce à sa seule attractivité. C'est un avantage considérable, dont la Chine n'est pas près de disposer à la même échelle – dans une dictature qui, de surcroît, contrôle les mouvements de capitaux, il y a toujours le risque de se voir confisquer son argent.

Les deux autres atouts de l'Amérique sont de nature différente. L'un est purement et simplement un cadeau du ciel : son sous-sol, qui contient de vastes réserves d'hydrocarbures, pétrole et gaz de schiste, exploités massivement depuis le début de la décennie 2010, sous la présidence de Barack Obama. Le développement du bassin permien, pour partie situé sur les États du Texas et du Nouveau Mexique, a donné à l'Amérique son indépendance énergétique. En 2024, le pays représentait 19 % de la production mondiale d'or noir, soit deux fois plus qu'en 2012. Et il est de loin aussi le premier producteur mondial de gaz. Indifférente au réchauffement climatique, la présidence Trump compte produire encore davantage, notamment pour l'export, chauffant à blanc un secteur qui avait déjà largement profité des années Biden, malgré les discours pseudo-environnementalistes du démocrate. Trump s'apprête également à lever le peu de réglementations qui pèsent sur le secteur.

Du fait de cette abondance, le prix de l'énergie est beaucoup moins élevé aux États-Unis. Pour le gaz, par exemple, largement utilisé par l'industrie pour ses processus de transformation, la différence est de 1 à 4 par rapport à l'Europe. Un atout qui séduit les industriels du monde entier à la recherche des sites de production les moins coûteux, et donne un bonus de compétitivité très important au « made in America ».

Le dernier atout du maître du monde est sans doute le plus important sur le long terme : la démographie. Alors que la fécondité s'écroule presque partout dans le monde, et pas seulement dans les pays développés, les États-Unis constituent une mystérieuse exception. Et en particulier lorsqu'on les compare aux autres pays occidentaux, en Europe. Avec un taux de fécondité de 1,6 – en dessous du seuil de remplacement, certes – et une immigration soutenue, la population américaine continue de croître, alors que le Vieux Continent a vu le nombre de ses habitants atteindre son pic en 2019, selon l'ONU. Depuis le début de la décennie 2020, il y a désormais plus de décès que de naissances en Europe. Quant à la Russie, elle est passée en dessous du seuil de remplacement dès les années 1960, sous l'ère Brejnev, accumulant un déficit de 17 millions d'habitants par rapport à son pic, déficit qui s'aggrave au fil des ans. Les États-Unis n'atteindront leur zénith démographique qu'entre 2050 et 2080, selon les hypothèses de fécondité et d'immigration que l'on retient.

Vue de haut, la planète est engagée dans une période de dépopulation sans précédent depuis les années 1300, lors de l'épidémie de grande peste. Les deux tiers des habitants vivent dans des pays où la natalité est inférieure au niveau requis pour renouveler leur population, l'Asie orientale, Chine comprise, étant la région du globe où le déclin est le plus marqué. Dans ce tableau sombre, il y a cependant trois exceptions : l'Afrique subsaharienne, avec un taux de fécondité supérieur à 4, l'Inde, qui connaît toutefois une forte décélération (dans certaines grandes villes du pays, il n'y a qu'un enfant par femme), et les États-Unis.

Plus important encore, c'est la population active américaine qui va continuer à s'accroître pendant au moins une génération, selon Nicholas Eberstadt. Alors qu'elle diminue massivement chez les compétiteurs que sont la Chine et la Russie, ainsi qu'en Europe. Or, l'évolution du nombre d'actifs est un déterminant majeur de la puissance, parce qu'il conditionne le niveau de richesses créées et de redistribution vers les inactifs, qui grève les ressources de l'investissement.

Attractivité et compétitivité, abondance de l'énergie, dynamisme de la démographie, voilà les trois cartes maîtresses de l'Amérique dans la guerre des empires. Elles peuvent pourtant ne pas suffire à gagner la compétition. C'est toute la délicate équation de l'administration Trump, qui doit parvenir à maximiser ces avantages relatifs au coût le plus faible – le pays a accumulé une dette publique sans équivalent en temps de paix, et creuse son déficit à hauteur de 7 à 8 % du PIB par an. Elle frôle même le niveau atteint lors de la Seconde Guerre mondiale, et les avertissements des agences de notation se multiplient. Si elle n'y parvient pas, le déclin va s'accélérer, avec le risque que se produise une forte secousse financière, aggravée par les valorisations démentes des entreprises technologiques à la Bourse de New York. Au cœur de la puissance américaine, il y a cette foi des investisseurs du monde entier dans la suprématie technologique et militaire de l'Oncle Sam. Une foi qui explique cette incroyable valorisation boursière des entreprises. Dans la technologie, où Tesla, même après ses déboires, vaut davantage que l'ensemble des constructeurs mondiaux, alors que son chiffre d'affaires et ses bénéfices sont loin d'être les plus importants parmi ses concurrents. Mais aussi dans le pétrole, où Chevron bénéficie d'une forte surprime par rapport aux pétroliers européens. Ou dans la banque, où J.P. Morgan pèse autant que les vingt banques qui la suivent dans le classement mondial. Que la foi dans l'exception américaine se fissure, et tout l'édifice pourrait vaciller, avec des difficultés de financement nouvelles pour l'économie américaine. À la racine de l'extraordinaire performance économique de l'Amérique, il y a des atouts objectifs, mais aussi une fragilité, l'engouement psychologique puissant qui a déformé les valeurs boursières et financières.

La suprématie américaine est donc avérée. Mais elle est aussi fragilisée par Trump et mise au défi par la confiance en elles-mêmes que développent désormais les nouvelles puissances du Sud, la Chine au premier chef. Or, l'Amérique n'a plus les moyens de défendre sa suprématie comme naguère. La restauration de l'ordre international, fût-elle souhaitée par les Européens, serait de plus considérée par les puissances du Sud comme le prolongement de la domination occidentale honnie. Car là où nous, Européens, gardons la nostalgie de la protection déresponsabilisante des États-Unis, les autres n'y verraient que les nouveaux habits du colonialisme, dissimulant la poursuite des prédations multiséculaires exercées à leur encontre. Les Européens sont tellement autocentrés et infantiles que, critiquant la brutalité de Trump, ils regrettent ses prédécesseurs et leur volonté de « faire prévaloir le droit sur la force en respectant les frontières ». De tels jugements déclenchent dans les pays du Sud un immense éclat de rire : à quelle période les Occidentaux ont-ils vraiment respecté les frontières et renoncé à la force ? L'état du monde de naguère n'était un ordre que pour ceux qui en bénéficiaient, c'est-à-dire les Européens, qui profitaient de la sécurité sans en payer le prix. Pour les autres, c'était un désordre humiliant où s'exprimait la loi du plus fort.

L'équipe Trump a pris acte des temps nouveaux : l'avance américaine n'est plus suffisante pour imposer un ensemble de règles internationales, sauf à dépenser bien plus que ne peut et ne veut le faire le pays. Le rendement d'une telle stratégie, c'est-à-dire le rapport entre son coût et les bénéfices qu'elle procure, n'est plus suffisant dans le monde de confrontations entre les empires. D'où la révolution MAGA, « Make America Great Again », qui est la défense exclusive des intérêts nationaux américains par tous les moyens, y compris et même surtout vis-à-vis des alliés. Cet unilatéralisme agressif et nouveau – il n'est en réalité que la résurgence de l'isolationnisme intermittent de l'Amérique – offre un rendement bien meilleur que la posture du défenseur d'un ordre supranational, aux yeux de la nouvelle administration.

La finalité de MAGA et celle de l'ancien ordre international sont en réalité les mêmes : il s'agit de garantir la prévalence des États-Unis sur le long terme. Mais les outils sont très différents. Il y a vingt ans, Washington aurait défendu bec et ongles Kiev contre Moscou, en favorisant l'intégration de l'Ukraine dans sa zone d'influence, dans l'OTAN et dans l'Union européenne. Aujourd'hui, elle ne livre des armes que pour avoir un levier sur Moscou dans les négociations de paix et le rétablissement des liens économiques et diplomatiques avec la Russie. La loyauté de l'Ukraine lui est complètement indifférente, le paiement de la prestation américaine s'effectuant avec l'accès aux terres rares du pays et le contrôle des centrales électriques du pays.

Cette stratégie MAGA est ainsi parfaitement adaptée aux temps actuels, où l'Amérique conserve à la fois la première place et des atouts de long terme, mais se trouve environnée de puissances qui ne se laisseront plus satelliser, comme la Turquie ou l'Arabie saoudite, sans parler de l'émergence du rival chinois. Auparavant, l'Amérique se servait de sa force pour protéger et vassaliser. Désormais, elle l'utilise pour se servir. Une stratégie d'autant plus payante qu'elle correspond à la demande politique d'une majorité d'Américains, qui rechigne à ce que leur pays intervienne dans les affaires du monde.

Michael Beckley, un universitaire américain, avait parfaitement anticipé cette évolution dès le premier mandat de Donald Trump[1]. Pour lui, l'avance technologique et démographique de l'Amérique est telle que d'ici 2040, les États-Unis seront les seuls à disposer d'une économie importante en croissance et de la capacité financière pour maintenir une puissance militaire de premier plan. Et cette avance, en particulier grâce à l'automatisation des processus de production, l'affranchira de toute dépendance vis-à-vis du reste du monde. À mesure que les autres économies rétréciront sous l'effet de la démographie, concentrant leurs ressources déclinantes sur le financement du grand âge et de la santé, le poids relatif de l'Amérique dans l'économie mondiale va grossir et sa dépendance au commerce et à la sous-traitance internationale va se réduire.

Conséquence de cette liberté nouvelle, les États-Unis pourraient agir « moins comme le chef d'une grande coalition que comme une superpuissance voyou – un colosse économique et militaire dépourvu d'engagements moraux, ni isolationniste ni internationaliste, mais agressif, lourdement armé, et tourné entièrement vers lui-même », pronostiquait Beckley. Les États-Unis pourraient conserver leurs alliés, mais en les faisant payer pour leur protection. Ils pourraient signer des accords commerciaux, mais uniquement avec des pays qui adopteraient les normes et les standards américains ; participer aux organisations internationales, mais les quitter dès lors qu'elles contrarieraient les intérêts nationaux américains ; et promouvoir la démocratie et les droits de l'homme, mais uniquement pour déstabiliser les rivaux géopolitiques… Plutôt pas mal vu !

8

Un monde sans maître

Ainsi va notre nouveau monde, où aucune des deux superpuissances ne veut véritablement être le maître, sans pour autant pouvoir supporter la domination de l'autre. Un monde sans maître, en clair. C'est le propre des périodes de transition, comme il en arrive environ une fois par siècle depuis que l'Occident a commencé à dominer l'économie planétaire, à la fin du XVe siècle. Mais cette fois, cet état d'indécision pourrait bien durer plus qu'à l'habitude. Car la victoire de l'un ou de l'autre des deux protagonistes semble improbable sur le moyen terme.

Dans ce monde fragmenté, l'affrontement entre la Chine va structurer les relations internationales. Non pas comme l'avait fait la guerre froide, qui mettait aux prises les États-Unis et l'Union soviétique. Car à l'époque, les puissances de second rang – la Chine, la Turquie, l'Arabie saoudite et d'autres – n'osaient pas jouer leur propre carte. À l'exception de l'Inde, elles s'étaient toutes ralliées à l'un des deux pôles, sans les moyens d'exprimer des réserves. Depuis, elles ont gagné en puissance économique et en assertivité et, si elles n'ambitionnent pas de régner sur la planète, elles souhaitent construire leur propre zone d'influence. Pour arriver à cette fin, l'alignement sur Pékin ou Washington n'est pas la bonne option. Elles développent donc une diplomatie subtile, déterminée par leur intérêt propre. L'évolution de Riyad est particulièrement révélatrice de cette diplomatie « fluide », pour reprendre l'expression de Bertrand Badie, un jeu opportuniste, qui s'appuie sur les interdépendances économiques et stratégiques et entretient les contradictions plutôt qu'il ne les supprime. Naguère allié des États-Unis, l'Arabie saoudite s'en est émancipée, car son premier client pour l'or noir est désormais la Chine. Les États-Unis eux-mêmes en ont moins besoin, puisqu'ils sont désormais le premier producteur mondial d'hydrocarbures. Riyad s'est également distancé des mouvements palestiniens, pour élargir son influence et peser davantage dans le jeu mondial, par exemple en étant l'hôte des pourparlers de paix entre la Russie, l'Ukraine et les États-Unis. Mais les liens avec l'Amérique restent substantiels, ne serait-ce qu'à cause des puissants intérêts financiers que le clan Trump détient dans la péninsule arabe.

Une chose est sûre dans ce nouveau monde qui pointe, c'est que l'ordre multilatéral de l'après Seconde Guerre mondiale, prolongé par la victoire sur l'URSS en 1989, va disparaître. L'actualité nous en donne des preuves quotidiennes, et cela va se poursuivre. La raison en est simple : il n'a plus aucun défenseur. Les États-Unis n'y tiennent plus, la Chine voudrait le révolutionner à son profit, et les puissances intermédiaires ont bien compris que leur seule chance de constituer un empire résidait dans son élimination. Le monde entier est donc devenu « révisionniste », à l'exception d'une seule région, l'Europe, parce qu'elle a été la grande gagnante de la longue période de l'après-guerre, et plus encore de la chute du Mur. L'Europe s'accroche donc aux vestiges de l'ordre ancien. En pure perte, car elle est seule.

Nous voici plongés dans un monde de confrontations multiples, dominé par l'affrontement entre les deux rivaux qui bordent le Pacifique, où les volontés de puissance ne seront plus bridées comme elles l'avaient été durant toute notre existence. Un monde multipolaire, sans doute. Chaotique et dangereux, à l'évidence. Qui va profondément transformer l'économie et ses règles. Voici comment.

PARTIE II

L'économie au temps des empires

9

Le tournant protectionniste

Dans les années 1980, les navires porte-conteneurs pouvaient charger tout juste quelques milliers de boîtes en métal de six mètres de longueur et de près de trois mètres de hauteur, remplis de produits électroniques, de vêtements et de chaussures de sport. Sous l'effet d'une demande de transport mondiale en plein essor, particulièrement pour les lignes en provenance de Chine, la taille de ces vaisseaux n'a cessé d'augmenter. 10 000, 15 000, puis 20 000 boîtes, avec des navires mesurant plusieurs centaines de mètres. Jusqu'au record, établi au sortir de la crise du Covid : 24 000 conteneurs chargés sur une seule embarcation.

C'est fini. Voilà plusieurs années que la taille des navires livrés diminue, selon le courtier britannique Braemar Shipping. Parce que la croissance du commerce mondial ralentit, après l'extraordinaire rattrapage de l'après-confinement, qui a fait la fortune des armateurs commerciaux comme le champion français CMA-CGM. Parce que les flux de marchandises se sont davantage répartis dans les différents ports d'Asie, au détriment des axes Shanghai-Los Angeles et Shanghai-Rotterdam. Seulement six navires de plus de 17 000 boîtes seront livrés en 2025, contre dix-sept en 2020. Tandis que quatre-vingt-trois bateaux de taille moyenne seront livrés en 2025, cinq fois plus qu'il y a cinq ans[1].

L'inflexion des gigantesques flux du commerce mondial date en réalité de la crise financière de 2008-2009. Jusqu'à cette date, les échanges progressaient deux fois plus vite que la croissance, depuis les années 1980 et plus encore 1990, en raison de l'intégration de la Chine dans l'économie mondiale et de la montée en puissance de la machine à exporter allemande, une fois que la réunification avait été digérée. Ces deux-là allaient vite devenir les plus grands exportateurs de la planète et accumuler des excédents commerciaux gigantesques. Aidés, il faut le souligner, par des monnaies de combat sous-évaluées, l'une par la Banque de Chine, l'autre par l'Union économique et monétaire européenne qui avait gelé les parités et empêché l'appréciation du Deutsche Mark. L'essor du commerce a également été entretenu par la puissante vague de délocalisations industrielles. Le risque géopolitique ayant disparu, les entreprises se sont installées aux quatre coins du monde pour faire fabriquer leurs produits aux meilleures conditions financières – là où le coût du travail était le plus faible. Et elles ont servi leurs marchés, principalement dans les pays développés, grâce à la rotation incessante des géants des mers chargés de conteneurs multicolores. C'était l'heure où la mondialisation s'est déployée, rattrapant et même dépassant le niveau atteint au tout début du XXe siècle, avant la Première Guerre mondiale. Les flux de biens et de capitaux striaient alors la planète.

En 2008-2009, tout s'arrête, à cause de la crise des *subprimes*, qui fait disparaître un bien immatériel et extrêmement précieux, la confiance. Sans confiance, plus de crédit, plus de production, plus de commerce. Les échanges plongent. On n'y voit d'abord qu'une secousse temporaire. Et pourtant, cette crise constituera une cassure. À compter de la crise financière, le rythme des échanges sera au mieux égal à la croissance économique, c'est-à-dire deux fois moins important qu'avant. Les chiffres du CPB, le bureau d'analyses économiques néerlandais, qui mesure de façon très rigoureuse les flux par régions, sont même encore plus faibles. Entre l'été 2007, où se font entendre les premiers craquements dans l'édifice financier, et la fin 2024, les échanges internationaux de biens n'ont progressé que de 24 % en volume (9 % en valeur), alors que le PIB mondial a pris, lui, 54 % sur la même période.

Croissance et échanges se sont donc en partie décorrélés. Est-ce pour autant un signe de « démondialisation » ? Il faut avancer ici avec prudence. Parce que la croissance, en particulier celle des pays les plus avancés, est formée d'une part croissante de services – le commerce, le design, les communications, tous immatériels. Lorsque Netflix vend un abonnement en France, la transaction n'entre pas en compte dans les échanges commerciaux de biens. Et pour autant, il s'agit bien de production et de commerce international. La décorrélation n'est donc sans doute pas aussi importante que le suggèrent les indicateurs du CPB. Le ralentissement de la croissance des échanges pourrait s'expliquer en partie par le changement progressif de nature de l'activité chez nous. Autre élément, ce sont plutôt les grandes lignes transcontinentales qui ne progressent plus, voire régressent, en particulier entre la Chine et l'Occident. Le commerce intra-régional ou intra-continental, lui, continue à progresser. Et cette tendance devrait perdurer, avec la partition de l'économie mondiale en différentes zones d'influence géopolitiques. Au sein de chaque empire, on commerce davantage. Mais d'un empire à l'autre, les échanges diminuent.

Pour autant, le ralentissement est bien réel. Et il est corroboré par d'autres éléments. Le dernier en date est bien sûr le retournement idéologique complet des États-Unis, à l'occasion du premier mandat présidentiel de Donald Trump, et plus encore du second. Depuis quarante ans, l'Amérique se faisait la championne des échanges commerciaux sans entrave. Au point que le Fonds monétaire international, bras armé de l'Oncle Sam pour étendre son ordre économique et politique, imposait aux pays qui faisaient appel à lui, dans des « programmes d'ajustement structurel », de démanteler complètement leurs protections douanières. Il s'agissait de l'une des conditions suspensives pour obtenir des prêts, imposées même aux pays les moins développés.

Bien sûr, l'Amérique elle-même conservait certaines protections, comme le Buy American Act, qui assurait que les fournisseurs nationaux soient privilégiés dans la passation des marchés publics. Ou bien tel dispositif qui permettait à l'autorité fédérale de bloquer le rachat par l'étranger d'une entreprise stratégique (le CFIUS, comité de surveillance des investissements étrangers aux États-Unis), comme l'a fait par exemple Joe Biden pour le projet de rachat du sidérurgiste U.S. Steel par des intérêts japonais. Mais quant aux frontières, l'Amérique était le marché le plus ouvert du monde. Avec la conviction, partagée par les démocrates et les républicains, que le commerce profite à toutes les parties. Et que l'exposition à la concurrence internationale, si elle fait disparaître des secteurs entiers, non compétitifs, renforce les autres et leur garantit un marché mondial.

Pendant la Grande Parenthèse, la doctrine de l'ouverture commerciale était même l'un des étendards de la croisade du maître du monde américain. Les trois libéralismes se rejoignaient : celui, politique, qui garantit les droits fondamentaux de l'individu, à commencer par celui de choisir ses gouvernants par le vote, avec la démocratie. Le libéralisme économique, qui garantit la propriété et l'initiative privée contre les prédations de l'État, et privilégie la régulation plutôt que l'intervention. Et le libéralisme commercial, qui traite à égalité les étrangers et les nationaux dans les échanges. Une croisade qui a été victorieuse, avec la chute du Mur et la conversion de la Chine communiste à l'économie de marché.

Tout a évidemment changé. Et plus encore depuis le retour de Trump et de son conseiller économique spécial, Peter Navarro, l'inspirateur de la politique protectionniste des tarifs douaniers, c'est-à-dire des taxes imposées par l'Amérique aux importations arrivant sur son sol, taxes variant selon l'origine et la nature des produits. Navarro, éminent économiste, a commencé sa carrière comme libéral et promoteur du commerce. Comme la quasi-totalité de ses confrères, lointains disciples de David Ricardo, le philosophe britannique du XVIIIe siècle qui a forgé les canons intellectuels du libre-échange. Pour Ricardo, chaque pays a intérêt à se spécialiser dans les secteurs où son avantage comparatif est le meilleur, et à acheter les autres produits à l'étranger.

Mais au début des années 2000, Navarro effectue un virage idéologique complet. À cette époque, il note que nombre de ses étudiants ont des difficultés croissantes à s'intégrer sur le marché du travail[2], et l'attribue à l'arrivée de la Chine dans l'Organisation mondiale du commerce, en 2001. L'intégration de la Chine lui ouvre en effet largement tous les marchés mondiaux, en particulier ceux de l'Occident. C'est un gigantesque hold-up, car Pékin obtient des concessions majeures qui lui permettent de protéger son propre marché. Et surtout, la Chine ne joue pas le jeu de la concurrence libre et non faussée : elle subventionne massivement ses entreprises et manipule son taux de change, ce qui lui garantit une surcompétitivité artificielle.

Au même moment, un autre économiste, l'un des plus grands du XXe siècle, Paul Samuelson, prix Nobel en 1970, fait exactement la même observation. En 2004, il publie un article dans le *Journal of Economic Perspectives*, où il se paye les tenants du libre-échange[3]. Il est absolument faux de tenir pour acquis qu'avec la mondialisation, les bénéfices sont forcément supérieurs aux destructions d'emplois et aux pertes de revenus induites par les échanges, explique l'iconoclaste. C'est l'arrivée de la Chine dans le commerce mondial qui a déformé à son profit le partage des richesses, en provoquant une baisse durable des revenus des salariés par la concurrence qu'elle exerce sur les producteurs américains dans quasiment tous les secteurs en même temps. Contrairement à ce qu'enseigne la théorie des avantages comparatifs.

Navarro, pour excessif qu'il puisse paraître, n'est donc pas seul. C'est lui qui influence Trump, à la fois sur la perception du danger économique et social chinois et sur la méthode qu'il faut suivre pour contrer la menace, les tarifs douaniers. Après une expérience timide pendant son premier mandat, Trump, réélu, sort le bazooka, contre la Chine en particulier : 154 % de taxes au plus fort de la crise, certes avec des exemptions et des revirements.

L'objectif de ces droits de douane est double. Il s'agit bien sûr de remplir les caisses de l'État fédéral, fort éprouvées, en trouvant des moyens pour baisser les impôts sans détériorer encore le déficit public des États-Unis, de l'ordre de 7 % du PIB, l'idée étant de facturer aux exportateurs étrangers un droit d'accès au marché américain. Idée que les Européens auraient mauvaise grâce à critiquer, car ils font exactement la même chose. Tous les voisins non-membres de l'Union européenne, comme la Suisse ou la Norvège, se voient facturer plusieurs milliards d'euros chaque année le droit d'accès au marché unique. Et cela n'est pas aberrant.

L'autre objectif est proprement économique, et non budgétaire. En installant des herses commerciales le long des frontières nationales, l'exécutif américain espère améliorer la compétitivité des fabricants nationaux, les mettant ainsi à l'abri d'une concurrence étrangère dont les produits seront renchéris. Il espère également inciter les exportateurs à s'installer sur le sol américain, pour y produire et échapper ainsi aux taxes frontalières.

On aurait tort de n'y voir que les foucades d'un président cinglé. Car il faut bien noter que la présidence

Biden, entre les deux mandats du milliardaire de l'immobilier, n'a pas remis en cause les droits de douane et les restrictions à l'exportation à l'encontre de la Chine. Bien au contraire, celles-ci ont été étendues. Et l'Inflation Reduction Act, la grande loi de Biden pour inciter les usines étrangères à s'installer aux États-Unis, avait exactement la même finalité que la politique actuelle de Trump.

Surtout, ce renouveau du protectionnisme n'est pas le fait exclusif de l'Amérique. Dès 2016, année de la première élection de Trump, les Britanniques votaient pour le rétablissement de leurs frontières nationales, afin de réguler les flux de personnes et de marchandises qui entraient dans leur pays. L'Europe elle-même, foncièrement libre-échangiste, a infléchi partiellement sa politique commerciale pour instaurer plusieurs mesures restrictives, en particulier contre la Chine. Le réseau Global Trade Alert, qui recense toutes les mesures protectionnistes prises sur la planète, constate du reste une considérable accélération depuis plusieurs années : entre 2015 et 2024, leur nombre est passé de 209 à plus de 800, avec une concentration aux États-Unis et en Chine.

Le retournement s'est produit à la fin des années 2010, et s'est accentué au moment de l'épidémie de Covid. Face au virus, les restrictions d'exportation d'équipements de protection, comme de masques, et de produits pharmaceutiques, les vaccins notamment, se sont multipliées. C'est à compter du Covid que le thème de la « souveraineté » s'est imposé sur la scène politique de nos pays. Et ce n'est pas un hasard. Le besoin de se procurer ces matériels indispensables, non satisfait, nous a fait prendre conscience de notre vulnérabilité.

Et nous a fait redécouvrir une évidence : l'interdépendance est en réalité une dépendance, surtout quand on n'a pas le rapport de force en sa faveur. Protéger la souveraineté nationale, qu'il s'agisse de médicaments, d'énergie ou de terres rares, conduit immanquablement à contrôler le commerce. Car souveraineté nationale et libre-échange sont incompatibles, c'est l'une des découvertes que nous a fait faire le coronavirus.

Autre symptôme de la volte-face idéologique mondiale : la déréliction de l'OMC. Créé au plus fort des illusions de la Grande Parenthèse, dans les années 1990, cet organisme avait pour finalité d'éradiquer les entraves au commerce et de régler les différends entre ses membres. C'était le pendant de l'ONU pour les échanges commerciaux, qu'on avait attendu pendant un demi-siècle en se contentant d'un simple accord, le GATT (accord général sur les tarifs douaniers et le commerce), disposant d'un secrétariat permanent. GATT qui avait lancé et conclu plusieurs cycles de négociations multilatérales, abaissant les droits de douane et les barrières non tarifaires partout dans le monde, pour presque tous les produits, sur la base de la non-discrimination des pays. À peine sur pied, l'OMC accueille la Chine et se lance dans un nouveau round, le cycle de Doha. Il n'aboutira jamais, car le vent a déjà tourné. L'OMC n'est même plus assez crédible pour déclencher des manifestations de contestation, contrairement à son prédécesseur, le GATT, dont les initiatives pour libéraliser provoquaient la colère des altermondialistes. Des accords régionaux ou intercontinentaux voient le jour, en lieu et place d'accords planétaires.

Quant aux procédures de règlement des différends – les plaintes pour discrimination commerciale, portées devant une sorte de tribunal de l'OMC –, elles ne sont même plus traitées. Car les États-Unis bloquent depuis des années le recrutement des juges. Toute action portée devant l'OMC est aujourd'hui purement symbolique, car il n'y a plus personne pour les juger. A fortiori pour les faire exécuter : l'organisation est morte. Elle se contente de publier de loin en loin des études. La dernière en date, au printemps 2024, portait sur les perspectives du commerce international en 2025 : -0,5 %. Une récession qui serait inédite, hors période d'épidémie et de crise financière. Et qui s'explique bien sûr par la politique de l'administration américaine. La directrice actuelle, une économiste africaine de renom, Ngozi Okonjo-Iweala, s'époumone en pure perte pour tenter de ranimer la flamme.

Le retournement du commerce international a donc commencé avant l'élection de Trump. Élection qui n'est pas la cause, mais l'une des conséquences du désamour frappant le libre-échange. À quoi l'attribuer, alors ? Pourquoi diable avons-nous perdu la foi dans l'un des axiomes réputés les plus solides de la science économique, faisant du libre-échange le socle de la croissance ? La réponse n'est pas seulement économique.

Intuitivement, nous avons le sentiment que les liens internationaux n'ont fait que progresser au fil des siècles, et qu'ils ne pourront que se développer encore à l'avenir, grâce à l'essor des technologies de communication et de transport de personnes et de marchandises, qui ont rétréci la planète. Au milieu des années 1980, il fallait presque vingt-quatre heures pour aller de France en Chine, et Air France n'affrétait que deux vols par semaine. Les communications téléphoniques étaient coûteuses et laborieuses – plusieurs heures d'attente étaient nécessaires pour joindre un correspondant –, le transport du courrier physique nécessitait une huitaine de jours. Aujourd'hui, la compagnie aérienne nationale française propose plus de quarante liaisons par semaine, le téléphone permet un contact instantané, sans même parler des mails et des réseaux sociaux. La commodité des transports et des communications s'est améliorée considérablement, et leur prix relatif s'est effondré. Et il y a toutes les chances que cela se poursuive, dans des proportions équivalentes à celles que nous avons connues depuis un demi-siècle.

Il serait pourtant hasardeux d'en déduire que la mondialisation ne peut que progresser. C'est ce que l'histoire économique nous apprend : alors que les technologies ne cessent de s'améliorer, il y a des phases de fermeture et de protectionnisme, comme dans la trajectoire d'une planète qui ne suivrait pas un orbe régulier. Dans les années 1870 par exemple, après la période de libéralisme du milieu du XIXe siècle. Ce sont alors les États-Unis qui augmentent leurs droits de douane de façon massive, et même encore davantage en 1890, sous le mandat du président McKinley, l'idole de Trump. Dans les années 1930 bien sûr, entre les deux guerres, avec l'Amérique encore en pole position, lorsque les tarifs Hawley-Smoot augmentent les taxes sur plusieurs milliers de produits. Et plus loin encore, au début des années 1500, les taxes croissent, après les grandes découvertes qui avaient inauguré la mondialisation moderne et provoqué une sévère réaction de fermeture, portée notamment par Luther et sa critique du commerce lointain.

Ces oscillations nous apprennent d'abord que les technologies de communication et de transport ne sont pas les seuls déterminants de l'internationalisation des échanges. En réalité, le déterminant principal est d'un tout autre ordre : c'est le degré de tolérance des sociétés à l'ouverture. Tolérance qui varie en fonction du sentiment de sécurité des peuples. Or, le libre-échange met à l'épreuve cette sécurité économique, en particulier celle des régions les plus exposées à la concurrence internationale.

La raison principale de l'inflexion, aujourd'hui comme au siècle dernier, est donc une évolution interne des sociétés, après une période de libéralisme économique et commercial. Comme si le désir de liberté et le besoin de protection alternaient dans notre histoire, chacune des phases allant jusqu'à l'excès et déclenchant mécaniquement l'inversion idéologique. Curieusement, c'est toujours le monde anglo-saxon qui est précurseur du retournement mondial. En 1979 et 1980, ce sont Margaret Thatcher, Première ministre britannique, et Ronald Reagan, président des États-Unis, qui inaugurent la grande phase libérale moderne qui gagnera la planète dans les années qui suivront, y compris les pays socialistes, comme la France de François Mitterrand. En 2016, ce sont encore les Britanniques, avec le référendum qui déclenche le Brexit, et les Américains, en élisant Donald Trump pour la première fois, qui ouvrent la phase protectionniste et inaugurent une vague universelle et durable.

Dani Rodrik, un économiste d'origine turque enseignant à Harvard, explique les effets paradoxaux du libre-échange avec la parabole du village de pêcheurs. Un village vit en autarcie au milieu d'une épaisse forêt. Certains des habitants fabriquent les vêtements pour habiller tout le monde, d'autres traversent la forêt pour aller pêcher et nourrir leur communauté. Un jour, le village entre en communication avec un autre village, situé au bord du lac poissonneux où il s'approvisionnait. Le commerce se développe rapidement entre les deux communautés. Parce que le poisson pêché par les riverains du lac, mieux entraînés et habitant sur place, est moins cher, et se vend donc bien au cœur de la forêt. À l'inverse, les fabricants de vêtements du village reclus sont plus efficaces que leurs homologues lacustres, et exportent facilement leur production par la route nouvellement ouverte. Il y a donc des gagnants, les tisserands du premier village et les pêcheurs du second, dont les revenus augmentent. Et des perdants, de façon symétrique, qui perdent leur travail.

Les échanges entre les États-Unis et la Chine ont produit exactement les mêmes effets que le commerce entre ces deux villages. Trump a été élu par les pêcheurs et les tisserands au chômage – il s'agit en réalité de sidérurgistes et de salariés de bon nombre de secteurs industriels de l'Amérique de naguère.

Rodrik va même plus loin, en développant ce qu'il appelle un « trilemme », ou triangle d'incompatibilité[4] : il n'est pas possible de concilier mondialisation, démocratie et indépendance de la politique économique nationale, contrairement à ce qu'affirment la plupart de nos dirigeants. Un pays qui s'ouvre au commerce et aux flux de capitaux doit en effet respecter des règles qui limitent son autonomie. Par exemple, en laissant la concurrence internationale asphyxier ses secteurs les moins productifs et les régions dans lesquelles ils sont implantés. C'est ce que la France a fait subir à son secteur automobile : en 2024, la production nationale de véhicules est tombée dans notre pays à 1,34 million, le chiffre le plus bas depuis les années 1960. C'est trois fois moins qu'à la fin des années 1980, alors que le marché automobile a fortement progressé depuis cette date. Si la production s'est ainsi effondrée, c'est parce que nos constructeurs et leurs équipementiers ont délocalisé leurs usines en Slovaquie, au Maroc, en Chine, même. L'objectif était de baisser les prix pour le consommateur et de faire face à la concurrence, elle-même venant de l'étranger.

Cette érosion de la base industrielle française ne peut pas être contrariée par la politique industrielle du pays qui se trouve donc limitée dans son action, sauf à subventionner les industriels français, ce qui est interdit par les traités européens qui s'appuient sur la théorie du libre-échange. Elle exerce aussi une forte pression sur le climat politique du pays, alimentant une forme de désespérance économique dans les régions sinistrées, dont les électeurs se détournent de la politique ou votent aux extrêmes. C'est l'illustration du trilemme de Rodrik.

Autre exemple : la crise de l'euro en 2010-2012, qui a vu la désaffection des investisseurs pour la dette des pays de l'union monétaire, en particulier ceux du Sud, Grèce en tête. En vendant les obligations, les acteurs des marchés ont fait monter les taux d'intérêt de la partie méridionale du continent, ce qui a asphyxié leur croissance et les a contraints à rétablir leurs finances publiques. Sous l'effet de cette pression,

Nicolas Sarkozy puis surtout François Hollande ont fortement augmenté les impôts en France, ce qui nous a valu deux ans de croissance anémique. Sans parler de la Grèce, qui a sabré dans ses dépenses et a connu une véritable dépression qui a fait chuter son PIB d'un tiers.

Cette crise avait deux causes : l'ouverture aux flux de capitaux internationaux, qui crée une dépendance supplémentaire parce qu'un investisseur étranger sera plus enclin qu'un autochtone à se débarrasser de titres en cas de crise de confiance, et la mauvaise gestion des pays du « club Med », le sud de l'Europe. D'autres pays ont fait exactement la même expérience. L'Asie du Sud-Est, qui avait vu la marée des capitaux se retirer brutalement après la chute du baht thaïlandais en juillet 1997 et provoquer une sérieuse récession. La Russie, un an plus tard, le Mexique, la Turquie… Et même récemment le Royaume-Uni, lorsque la Première ministre de l'époque, Liz Truss, a décidé d'une forte baisse d'impôt qui n'était ni financée, ni finançable. Truss a même été contrainte de démissionner après seulement cent jours passés à Downing Street, nouvelle illustration du triangle d'incompatibilité décrit par l'économiste de Harvard.

La disparition des frontières financières et commerciales a donc des effets économiques et politiques importants, qui ne sont pas tous positifs, contrairement à ce qu'affirment un peu rapidement les partisans du libre-échange, et qui ne peuvent être contrés sans la restauration des frontières commerciales. Comme le disait de façon très juste Louis Gallois, ancien patron de la SNCF et d'Airbus, le libre-échange renforce les forts et affaiblit les faibles. Aux premiers, il offre de nouveaux marchés, aux seconds, il donne de nouveaux concurrents, les uns et les autres étrangers. En cela, il met à l'épreuve la cohésion et l'homogénéité d'une société. Y compris sur le plan géographique, car les régions ont toujours une spécialité économique, plus ou moins en phase avec la demande et son évolution. Certaines régions profitent de l'ouverture internationale, comme l'Occitanie grâce à l'aéronautique. D'autres, comme le nord ou l'est du pays ont vu leurs industries traditionnelles disparaître sous les coups de la concurrence des pays émergents.

L'élection de Donald Trump est, elle aussi, une expression du triangle d'incompatibilité de Rodrik. Les électeurs du centre des États-Unis, qui ont subi la concurrence industrielle étrangère sans avoir les opportunités de l'ouverture, contrairement aux côtes est et ouest des États-Unis, lassés de l'impuissance politique des élites politiques traditionnelles, ont voté pour l'ordre et la fermeture. Et ils les ont obtenus. Car ils sont prêts à renoncer et à l'ouverture et à la démocratie, pourvu que le pouvoir politique puisse agir en leur faveur.

Comme toujours, le monde anglo-saxon ouvre la voie en levant les tabous avant les autres. L'organisation des échanges mondiaux devrait donc changer sensiblement dans les années qui viennent, sous l'effet d'une forte demande de protection des électeurs. Au moyen de droits de douane et de restrictions aux échanges sur un nombre croissant de produits, au nom de la souveraineté.

Est-ce un mal pour l'économie ? On chercherait en vain des arguments définitifs pour établir que, du libre-échange ou du protectionnisme, tel système est meilleur pour la croissance. L'Europe des Trente Glorieuses était protectionniste, cela n'a pas empêché son rattrapage puissant. L'Amérique de McKinley, à la fin du XIXe, l'était tout autant, en connaissant une activité économique vigoureuse, comme le rappelle souvent Trump. Même l'autarcie a pu avoir des effets salvateurs, comme dans l'Allemagne hitlérienne pilotée par Hjalmar Schacht, l'économiste du IIIe Reich, après les violentes dépressions qu'avait connues le pays.

La différence essentielle entre les deux options, frontières ouvertes ou contrôlées, réside dans la répartition des revenus, c'est-à-dire des choix politiques, par essence changeant en fonction des contraintes de l'époque. Le libre-échange avantage le consommateur, parce qu'il offre les produits au meilleur prix quel que soit leur lieu d'origine, et l'actionnaire, parce que la liberté des capitaux permet à l'argent d'exercer une pression sur les gouvernements afin qu'ils conduisent une politique qui soit favorable aux détenteurs de l'argent et à l'entreprise. De façon symétrique, il pénalise le salarié, parce que la concurrence des faibles salaires lointains détruit des emplois et contraint l'évolution des rémunérations. C'est ce que le monde a connu pendant la Grande Parenthèse, ce qui a déformé le partage des revenus en faveur de l'actionnaire et fait baisser l'inflation. Le protectionnisme, c'est exactement l'inverse. Le salarié ramasse la mise, tandis que l'actionnaire et le consommateur boivent la tasse. Il faut que ces deux derniers se préparent donc à des années moins favorables que les dernières décennies.

Initié il y a une petite dizaine d'années, le virage protectionniste ne va délivrer ses effets que de façon progressive. Car, comme toujours, les élites traditionnelles au pouvoir ont du mal à entendre cette demande de protection, qu'elles considèrent comme régressive et indigne – exactement comme elles refusent d'entendre la demande de contrôle de l'immigration, qui a la même origine. Ce sont donc les partis populistes, prompts à identifier cette demande et à la flatter, qui ont le vent en poupe, et le conserveront jusqu'à ce que la gauche et la droite traditionnelles acceptent de revoir leur credo pour investir ces terrains. Si les partis classiques souffrent aujourd'hui, c'est tout simplement parce que, sur ces questions essentielles, ils ont abandonné le monopole du bon sens aux populistes.

La difficulté à effectuer le virage idéologique est encore plus grande sur le Vieux Continent, car l'Europe s'est construite sur la négation des frontières. Pour les générations d'après-guerre, la démarcation des nations, c'est le mal absolu, qui a emporté l'Europe par deux fois dans de sanglants tourments. Mais comme d'habitude, l'Europe s'adaptera aux nouveaux temps. Elle avait eu les mêmes réticences lors de la révolution libérale, au début des années 1980, déclenchée par les leaders précurseurs du monde anglo-saxon, Thatcher et Reagan, avant de l'adopter au point d'en faire le cœur de son projet avec le marché unique. Elle adoptera la révolution protectionniste, ou elle sera mise en pièces.

10

Sans maître du monde, pas de mondialisation

L'alternance entre les périodes de libre-échange et de protection obéit donc à une évolution interne des sociétés, qui les fait changer de pied de loin en loin, parce que leurs attentes changent. Lorsque le libéralisme a trop éprouvé les structures sociales, politiques et économiques, le courant idéologique s'inverse – nous en sommes là. Et au contraire, quand le protectionnisme a sclérosé la société, la pulsion libérale renaît. Ce sera le cas sans doute dans trente ou quarante ans. L'alternance idéologique vaut d'ailleurs pour l'organisation économique comme pour le champ politique. Aujourd'hui, le fait politique majeur, dans le monde entier, c'est la demande d'ordre, d'autorité et de protection. Et c'est ce qui explique le succès des populistes, au détriment de la gauche et de la droite classiques, plutôt libérales.

En 2025, l'inflexion protectionniste est d'autant plus nette que se déroule parallèlement un phénomène qui n'intervient qu'une fois par siècle : la remise en cause du maître du monde, déjà analysée. Or, il ne peut y avoir de mondialisation que lorsqu'il y a un maître du monde absolu. Dès lors que celui-ci faiblit, soit qu'il fatigue à cause de la « surexposition impériale », soit qu'il subisse les attaques de son challenger, la mondialisation se fragmente. Le processus de décomposition a déjà commencé, et il va s'accélérer dans les années qui viennent.

Comment l'économie et la géopolitique peuvent-elles se trouver liées ainsi de façon étroite ? Parce que l'économie et ses règles ne sont pas indépendantes des rapports de force, qu'il s'agisse de pays ou de classes sociales. L'économie obéit. Elle est subordonnée aux évolutions politiques, contrairement à ce que nous avons pu croire au tournant du siècle.

Seul un maître du monde fort peut créer les conditions d'existence de la mondialisation. D'abord parce qu'il est redouté par tous, y compris et surtout par les dirigeants qui ont des visées expansionnistes. Le maître du monde au faîte de sa puissance crée de l'ordre par la crainte qu'il inspire, personne n'ose l'attaquer. Les Poutine, Kim et autres Maduro se replient à l'intérieur de leurs frontières. Les tyrans continuent d'exister, mais dans leur coin, pour ne pas prendre une avoinée. Du coup, le leader mondial crée le bien immatériel indispensable au développement des échanges et à la circulation des capitaux sans entraves : la sécurité. Il fait disparaître le risque géopolitique, ce qui permet aux entreprises et aux détenteurs de capitaux de sortir de leurs frontières pour investir à l'étranger. C'est ce que nous avons expérimenté lors de l'effondrement des régimes communistes : ce que nous avons pris pour le triomphe de l'économie sur la politique n'était que la conséquence de la victoire de l'hyperpuissance américaine. Et ce triomphe n'a duré que le temps de cette parenthèse géopolitique.

Dès la chute du Mur, on a vu apparaître les deux caractéristiques de la mondialisation économique. L'investissement industriel transnational tout d'abord, avec un puissant mouvement de migrations des usines d'ouest en est, là où les salaires étaient plus faibles et où de nouveaux marchés laissaient espérer de la croissance. Et les flux d'investissement financiers internationaux, qui ont franchi les frontières pour la même raison, une espérance de gain qui n'était plus contrariée par la peur de subir la confiscation ou la révolution dans des pays aux régimes imprévisibles. C'est au début des années 1990 qu'a déferlé une marée de milliards, l'épargne des pays riches, à destination des pays émergents. Au point que l'investissement privé a rapidement dépassé l'aide institutionnelle Nord-Sud, provenant des gouvernements et des organismes comme le Fonds monétaire international, qui se sont trouvés marginalisés. C'est aussi à cette date que les pays européens, tout occupés à la finalisation de leur marché commun, ont autorisé la circulation des capitaux. L'Europe rompait ainsi avec presque quatre-vingts ans de restrictions, en retrouvant un régime de liberté totale qu'elle n'avait pas connu depuis l'étalon-or, avant la Première Guerre mondiale.

À dire vrai, la chute du Mur n'est pas le seul événement qui a provoqué ce basculement. Comme évoqué plus haut, un autre mur tombe au même moment, ou plutôt une Grande Muraille. Après la fermeture temporaire qui suit le massacre des étudiants sur la place Tian'anmen, le 4 juin 1989, la Chine de Deng Xiaoping s'ouvre résolument à l'économie mondiale et en adopte les règles. Victoire totale pour l'Amérique, sécurité totale pour les investisseurs occidentaux. Tout est prêt pour le décollage de la mondialisation parce que le risque géopolitique a été éradiqué. Le maître du monde a unifié la planète.

Pas plus que les technologies de communication, les écarts de salaire et les perspectives de croissance ne sont donc les causes de la mondialisation. À la racine de ce vaste mouvement qui se manifeste par épisodes dans l'histoire, il y a un fait politique : la franche suprématie stratégique et économique d'un pays sur les autres, et son désir de mettre en place un ordre mondial à sa main.

Le meilleur argument pour soutenir cette thèse, nous l'avons eu sous les yeux au déclenchement de la guerre russo-ukrainienne, en 2022. D'un jour à l'autre, le risque géopolitique est réapparu. Il a contrarié les stratégies d'investissements des entreprises occidentales, qui ont perdu des dizaines de milliards d'euros en quittant la Russie. D'un jour à l'autre, l'aventure étrangère, naguère bénigne, a pris de nouvelles couleurs, incertaines. Parce qu'il fallait désormais, avant de miser des sommes importantes sur un pays, se poser une question que tous avaient oubliée : ce pays peut-il devenir un jour un ennemi ? La retraite de Russie a d'ailleurs laissé de profondes traces dans l'esprit des chefs d'entreprise qui se sont fait prendre. Ainsi Patrick Pouyanné, patron de l'énergéticien français TotalEnergies, auquel le départ de Russie a coûté des milliards d'actifs abandonnés là-bas, a-t-il expliqué à l'auteur de ces lignes qu'il refusait d'investir en Chine, à cause de la montée des tensions internationales, malgré les opportunités. De nombreux patrons, celui de Michelin notamment, limitent désormais la part de leur chiffre d'affaires réalisé dans l'empire du Milieu, pour ne pas s'installer dans une dépendance qui leur serait préjudiciable en cas de rupture politique avec Pékin. Ferrari, le constructeur d'automobiles de luxe, a quant à lui limité à 10 % ses ventes en Chine. Même le géant du luxe français LVMH, qui a amassé des fortunes en Chine dans les trente dernières années, a rééquilibré son activité en faveur des États-Unis, notamment avec l'acquisition du bijoutier américain Tiffany.

Tout comme l'économie, les entreprises et leurs patrons obéissent au rapport de force entre les puissances. La part de la Chine dans les investissements directs internationaux effectués par les entreprises s'est d'ailleurs effondrée en 2024, selon le *Financial Times* et FDI Markets : à peine 400 projets l'année dernière, soit moins de 50 milliards de dollars. Ce qui situe l'empire du Milieu en dessous du Royaume-Uni, de l'Allemagne et même de la France, alors qu'il était naguère la destination favorite de ces flux d'argent.

Quand bien même la guerre russo-ukrainienne se terminerait-elle, nous ne retrouverions pas l'état pacifié nécessaire au déploiement des investissements planétaires. D'abord parce qu'il faudrait être bien naïf ou oublieux pour considérer que l'appétit de Poutine et son ressentiment sont calmés. En ayant réussi à ramener les États-Unis dans son camp, contre l'Ukraine et son président Zelensky, il ne peut qu'être encouragé à pousser son avantage sur de nouveaux territoires. Ensuite parce que l'armistice comprendra vraisemblablement une assurance, pour la Russie, de ne pas voir remise en cause son annexion de la Crimée en 2014. Si l'Amérique, ex-chef du monde, entérine et légitime un coup de force violant une frontière, l'incertitude progressera d'un cran. Elle s'étendra de facto à d'autres régions du monde disputées, jusqu'ici protégées par les États-Unis, comme Taïwan. L'éventuelle paix en Ukraine n'a donc aucune chance de rendre le monde plus stable, bien au contraire. L'insécurité va s'étendre. Qui peut aujourd'hui raisonnablement investir au Canada, alors que Trump multiplie les provocations pour en faire le « cinquante et unième État des États-Unis » ?

À la lumière de cette actualité, il faut tordre le cou à une prétendue vérité souvent entendue : la mondialisation serait favorable à la paix, éteignant les rivalités et les inimitiés pour les remplacer par des échanges économiques – la théorie du « doux commerce », que l'on doit à Montesquieu, comme si la volonté de puissance pouvait être dérivée et sublimée dans des transactions monétaires. Théorie baroque, démentie de la façon la plus constante par l'histoire. Ainsi, jamais les échanges commerciaux n'avaient été aussi développés qu'à la veille de l'une des plus grandes boucheries de tous les temps, la Première Guerre mondiale… Si le commerce avait adouci les mœurs, la guerre eût été impossible. La relation de cause à effet est en réalité inverse : c'est la paix qui permet la mondialisation. Toujours. Et il n'y a de paix que lorsqu'une puissance inspire suffisamment de crainte aux autres pour que le calme s'installe.

Nous avons vécu cette situation à la fin du XXe siècle et au début du XXIe, lors de la « Pax americana ». Et à la fin du XIXe siècle, lorsque l'Empire britannique, la plus vaste construction politique jamais édifiée par l'homme, était à son zénith. L'impératrice Victoria régnait alors sur le quart des terres émergées de la planète. La puissance de sa marine commerciale et militaire, première flotte du monde et sept fois supérieure à la deuxième du classement, lui permit d'occuper la place de maître du monde. Derrière la puissance stratégique, il y avait déjà la puissance économique et technologique. C'est en Angleterre qu'était née la révolution industrielle plusieurs décennies auparavant, avec l'extraordinaire essor de la machine à vapeur, unique sur le continent, et l'invention des métiers à tisser. C'est encore en Angleterre qu'avait été mise en service la première ligne de chemin de fer au monde, entre Manchester et Liverpool, en 1830, grâce à la machine de George Stephenson.

Exactement comme l'Amérique au XXe siècle, le Royaume-Uni du XIXe a commencé sa trajectoire éblouissante avec une période de forte croissance et d'innovation. Son avance économique lui a permis d'asseoir sa puissance militaire et stratégique quelques décennies plus tard. Puissance qui a culminé avec la « Pax britannica », entre 1870 et 1914, et une phase de mondialisation. Les dernières années de cette parenthèse ont été minées à la fois par la surexposition impériale frappant les Britanniques – plusieurs dizaines de révoltes et de conflits militaires ont éclaté aux confins de l'empire à cette époque – et par la poussée de l'Allemagne de Guillaume II, qui était au Royaume-Uni ce que la Chine est aujourd'hui à l'Amérique, un rival.

La mondialisation d'alors ressemblait à la nôtre. Londres, la plus grande ville du monde, en occupait le centre. Avec la City, le cœur financier qui irriguait la planète, l'équivalent de Wall Street. C'est la lointaine rémanence de cette prééminence qui explique que Londres soit encore une place financière dont l'importance est bien supérieure au poids relatif de l'économie britannique dans le monde. Le risque géopolitique ayant disparu, les entreprises se sont lancées à l'assaut des contrées les plus lointaines. Les épargnants ont fait de même, particulièrement les Français, qui ont investi outre-mer jusqu'à 3 % du revenu national dans des actions de compagnies exploitant des chemins de fer, des canaux ou des mines dans les contrées lointaines. Le fameux « emprunt russe » était l'un de ces investissements qui a capté les faveurs des Français, avec des résultats souvent catastrophiques car les destructions de la guerre de 1914 et la révolution bolchevique de 1917 les ont dépouillés de leur valeur.

Exactement comme aujourd'hui, les progrès technologiques dans les transports et les télécommunications ont permis de rétrécir la planète. Et c'est bien sûr le Royaume-Uni qui en était à la pointe. En 1838, c'est un navire britannique qui est le premier au monde à être propulsé par une hélice à vis, puis, en 1866, l'Anglo-American Telegraph Company, qui pose le premier câble transatlantique. Les investissements directs internationaux explosent et, en 1913, les Anglais en détiennent près de 45 %. Le second pays dans le classement, la France, n'en possède pas même deux fois moins.

La sécurité des échanges est assurée sur le plan militaire par la marine omnipotente de Sa Majesté, et sur le plan financier par l'étalon-or, dont le pilier est la banque centrale d'Angleterre. Introduit en 1879, ce système garantissait une parité fixe entre les principales devises, lesquelles étaient convertibles à taux fixes en métal jaune. C'est une sorte d'union monétaire mondiale, une autoroute pour la libre circulation des capitaux : pas d'inflation ou presque, pas de risque de change, tranquillité totale pour les détenteurs de capitaux, tous les ajustements étant reportés sur l'économie réelle. En cas de déséquilibre trop manifeste des comptes extérieurs, une bonne récession avec la montée du chômage permettait de corriger rapidement.

Le système vole en éclats avec la Première Guerre mondiale. Lorsque les belligérants doivent s'endetter pour financer la guerre, ils suspendent la convertibilité en or de leur devise, n'ayant pas assez de réserves en métal précieux. Quelques années après la guerre, en 1925, le chancelier de l'Échiquier de l'époque, Winston Churchill, rétablit la convertibilité de la livre sterling en or. C'est une erreur majeure qui, associée aux effets du krach de 1929, aggrave la crise par la rigidité du taux de change qu'elle impose. Il était trop tard, le Royaume-Uni n'était plus le maître du monde et n'avait plus les moyens de soutenir un système monétaire mondial. La mondialisation, interrompue par la Grande guerre, s'était désarticulée.

Le cycle a débuté alors de l'autre côté de l'Atlantique : les États-Unis ont décollé et ils reprennent aussitôt la couronne. La Grande Guerre avait marqué leur irruption sur la scène internationale, avec leur entrée dans le conflit en 1917. La Seconde consacre leur suprématie, contestée néanmoins pendant quarante ans par l'Union soviétique, qui finit par s'effondrer et leur laisser le champ libre. La mondialisation peut alors renaître, pour une trentaine d'années – à peu près la durée du précédent épisode, un siècle plus tôt.

Ces deux poussées de mondialisation intervenues à un siècle d'intervalle ne font que réitérer celles qui les avaient précédées, nées elles aussi sous la domination sans partage d'une grande puissance. Avant les États-Unis et l'Empire britannique, c'étaient la France et les Pays-Bas, eux-mêmes succédant à l'Espagne et au Portugal, deux empires qui s'étaient partagé l'univers avec le traité de Tordesillas, en 1494.

Si le maître du monde est indispensable à l'internationalisation des échanges commerciaux et financiers, c'est parce qu'il est le seul à pouvoir fournir à ses partenaires les actifs immatériels nécessaires aux transactions. La sécurité et l'ordre tout d'abord, on l'a vu, découlant de la crainte qu'inspire son équipement militaire. Mais aussi une devise solide et crédible, acceptée par tous, qui facilite le commerce et les investissements. C'était la livre sterling au XIXe siècle, le dollar américain au XXe et toujours aujourd'hui (pour combien de temps encore ?). La crédibilité de la devise mondiale est garantie par la stabilité politique qui prévaut au centre de l'empire, et par l'institut d'émission du maître du monde, qui assure sans limite la liquidité sur les marchés. L'irrigation de la planète par la monnaie mondiale s'effectue naturellement, sous l'effet du déficit commercial important de la grande puissance, qui est le « consommateur en dernier ressort ». Cette irrigation est indispensable pour permettre aux autres pays d'utiliser la devise reine, notamment pour acheter des biens sur les marchés internationaux (comme le pétrole ou des matières premières, aujourd'hui achetés en dollars même s'ils ne proviennent pas des États-Unis).

Le maître du monde définit aussi des normes juridiques qui s'appliquent à tous, en faisant prévaloir son propre système, ce qui facilite les échanges en réduisant l'incertitude. Le droit commercial est ainsi largement inspiré par les pratiques américaines aujourd'hui. Droit qui est de plus relayé et pratiqué par les grands cabinets d'avocats américains, qui possèdent des filiales dans toutes les villes importantes. Idem pour les normes de comptabilité, théoriquement définies par un organisme international, en réalité largement sous l'influence des États-Unis, compte tenu du poids relatif de Wall Street, la place financière de New York. L'extension de tout l'appareil normatif américain a été d'autant plus facile que l'anglais est la langue la plus parlée dans le monde, et évidemment celle des affaires depuis plus de deux siècles, si l'on additionne les périodes de domination britannique et américaine.

Pour consolider son emprise, le maître du monde va jusqu'à bâtir un système d'organismes internationaux, chargés de faire respecter des règles qui s'appliquent en théorie à tous, lui y compris. Au sortir de la Seconde Guerre mondiale, la conférence de Bretton Woods crée ainsi le Fonds monétaire international et la Banque mondiale, théoriquement pour stabiliser la finance mondiale. En réalité, à partir du tournant libéral des années 1980, le FMI sera utilisé pour réformer les économies des pays pauvres ou émergents, selon les canons qui prévalent à Washington, en contrepartie de prêts. L'OMC et son ancêtre, le GATT, obéissent à la même logique : unifier les règles du commerce sur la planète, de façon à faciliter les échanges transfrontaliers. Sur le plan militaire, les Américains ont aussi conclu de nombreuses alliances, à commencer par l'OTAN, destinée à contrer l'URSS.

Le multilatéralisme n'est jamais que l'instrument de la puissance du maître déguisé sous les couleurs de la coopération. Le maître doit bien sûr faire des compromis de temps en temps, pour donner le sentiment qu'il se soumet lui-même au système qu'il a mis en place, afin de préserver ses intérêts. C'est la charge de celui qui définit et entretient l'ordre mondial que de sacrifier ses intérêts de court terme pour faire prévaloir son leadership sur le long terme. Ainsi, il faut accepter au Conseil de sécurité de l'ONU et l'ennemi soviétique et la Chine. Ou subir des condamnations de la part de l'OMC pour des pratiques anticoncurrentielles concernant des subventions versées à Boeing. Ou encore dépenser pour la défense plus que ne l'exigerait la seule sécurité des États-Unis, au profit des alliés européens ou asiatiques, avec l'entretien d'une marine au rayon d'action planétaire, d'un stock d'armes considérable, de bases militaires installées jusqu'au Groenland.

Le maître du monde passe donc toujours un accord d'arrière-pensées avec ses alliés sur la planète. D'un côté, il a une voix prépondérante, et peut donc servir ses intérêts sous couvert de la coopération – c'est le patron. Mais de l'autre, il offre un cadre stratégique et économique stable, que lui seul peut définir et défendre. En un mot, il échange avec ses partenaires du pouvoir pour lui contre la sécurité pour les autres.

Les choses se gâtent quand le parrain ne veut plus être parrain. C'est exactement ce qui se produit depuis quelques années, avec une accélération depuis la réélection de Trump : le système d'organismes multilatéraux explose. L'ONU est en pleine dérive, multipliant les provocations. Comme la minute de silence décrétée lors de la mort accidentelle du président iranien, dans un accident d'hélicoptère en 2024. Comme pour la gestion de l'agence chargée de l'assistance aux victimes de guerre palestiniennes, devenue de facto un soutien de l'organisation terroriste Hamas. L'OMC s'est effondrée. Le FMI et la Banque mondiale sont devenus inaudibles, et de plus en plus critiqués pour leur inaction et leur bureaucratie. Des organismes alternatifs ont d'ailleurs été mis sur pied par la Chine et soutenus par le groupe des grands pays émergents, les BRICS. La coopération internationale sur les questions climatiques, qui n'a jamais été facile, s'ensable. La COP 29, qui s'est tenue à Bakou, capitale de l'Azerbaïdjan, s'est conclue sur un accord de façade, qualifié d'échec par la diplomatie française. Et la prochaine, qui se tiendra au Brésil en novembre 2025, ne laisse guère d'espoir, alors que l'administration Trump refuse de poursuivre les efforts pour limiter les émissions de carbone et le réchauffement, allant jusqu'à licencier les fonctionnaires et les scientifiques américains qui avaient la charge de cette question. Tout aussi symptomatique et inquiétant, le projet américain de lancer l'exploitation minière des fonds marins, réputés contenir de vastes réserves de minéraux et de terres rares, dans les eaux internationales. Au risque de détruire la biodiversité marine et de libérer de vastes réserves de carbone jusqu'ici enfouies sous les océans. Alors qu'il existe un traité international proscrivant de telles activités – traité, il est vrai, non ratifié par les États-Unis. Le même risque existe pour les ressources de l'espace, celles de la Lune en particulier. Trump a signé, lors de son premier mandat, des décrets autorisant les entreprises privées à bénéficier des éventuelles exploitations du sous-sol de la Lune, alors que les États-Unis avaient signé et ratifié en 1967 un traité qui interdit à tout État de s'arroger la propriété, ne fût-ce que partiellement, du satellite de la Terre.

C'est donc tout l'appareil de coopération et de régulation internationales qui ploie, sous l'effet de l'expression de plus en plus brutale des intérêts nationaux, celle-ci n'étant que la conséquence de l'effacement du maître du monde, devenu tout simplement le plus fort, et réclamant sans ambages une part du gâteau plus importante. Le plus fort donnant le mauvais exemple, il n'y a plus rien pour contrecarrer les visées nationalistes.

Certains observateurs comme Harold James font certes observer que le multilatéralisme n'en est pas à sa première crise provoquée par l'Amérique[1]. En 1971, lorsque le président Richard Nixon décide de suspendre la convertibilité du dollar en or, arrachant ainsi l'ancre du système monétaire mondial, il ne consulte en rien ses partenaires, et leur impose déjà des droits de douane qui renchérissent l'accès au plus grand marché du monde. Les fluctuations du billet vert qui en découlent, dans les années qui suivent, iront jusqu'à provoquer une sévère crise de la dette qui met sur le flanc de nombreux pays. Et il faudra cette crise pour que le FMI se transforme en sauveur de la finance mondiale dans les années 1980. Avec la bénédiction des Américains revenus à de meilleurs sentiments vis-à-vis de la communauté internationale, pour avoir expérimenté les inconvénients de leur isolationnisme. James note qu'à chaque crise grave, le concert des nations redémarre, avec Washington en chef d'orchestre, tout simplement parce qu'on n'a pas le choix : face à des difficultés mondialisées par l'enchevêtrement des liens entre les pays, il faut se coordonner pour rendre les actions plus efficaces.

Peut-être en sera-t-il de même cette fois-ci. Au vu des premiers mois de la seconde présidence Trump, il est toutefois difficile d'imaginer quelle crise pourrait forcer le locataire de la Maison-Blanche à considérer les intérêts des autres. Et d'ici là, il va falloir composer avec ce nouveau désordre mondial.

11

Fragmentation et zones d'influence

Sans maître du monde assumé, il n'y a donc ni mondialisation ni multilatéralisme efficace. Parce que l'intérêt national prévaut sur toute autre considération. La mondialisation est donc en train de se fragmenter sous nos yeux. Elle s'adapte aux nouvelles lignes de fracture géopolitiques pour les épouser. Là où il n'y avait qu'un seul terrain de jeu, planétaire, la planète se subdivise en zones d'influence politiques et les flux commerciaux se réorganisent pour respecter ces nouvelles frontières immatérielles et néanmoins strictes.

Nous avons observé les prémices de cette nouvelle mondialisation « politisée » depuis plusieurs années, avec les restrictions frappant les exportations de biens technologiques de l'Occident vers la Chine. Tout a commencé par l'affaire Huawei, en 2016 et surtout 2018, lors du premier mandat présidentiel de Trump. Les organismes américains chargés du contre-espionnage alertent sur le risque posé par les matériels de télécoms fabriqués par cette société chinoise, liée historiquement à l'armée de Pékin. De nombreuses restrictions à l'achat et l'installation des téléphones et routeurs Huawei en découleront, aux États-Unis et dans bon nombre de pays amis, Europe et Australie notamment. Sur ce sujet, comme sur bien d'autres touchant la Chine, Joe Biden a poursuivi et étendu la politique de son prédécesseur. Le secteur des semi-conducteurs devient l'objet d'interdictions nombreuses et changeantes, alors que l'on découvre que la Chine fait des pas de géant dans l'intelligence artificielle en utilisant du matériel américain de haute technologie, les puces Nvidia par exemple. Même si de nombreux spécialistes estiment que ces restrictions n'ont en réalité aucun effet sur la progression de la Chine. Huawei est ainsi aujourd'hui le n° 1 mondial des équipements de télécoms, il a dévoré la plupart de ses concurrents (y compris le français Alcatel) et est en bonne position pour conforter son avance avec la sixième génération de téléphonie mobile.

Le constructeur informatique Apple, qui fabrique des produits grand public, n'est pas exempté de ces contraintes. Il s'est ainsi engagé à différencier les puces qu'il utilise pour son iPhone destiné au marché chinois, de façon à ne pas laisser circuler dans l'empire du Milieu les technologies proscrites. Et les Européens se voient frappés par ricochet. ASML, par exemple, une entreprise néerlandaise leader mondial de la fabrication de gigantesques machines pour la découpe ultra-haute précision du silicium. Machine indispensable pour la production des circuits de quelques millionièmes de millimètre qui constituent le cerveau de l'intelligence artificielle. En 2024, le gouvernement de La Haye a révoqué la licence d'exportation de ces appareils vers la Chine, sous la pression des États-Unis.

Quant à ceux qui se trouvaient entre les deux mondes, comme Taïwan, où est installée la centrale de production mondiale de semi-conducteurs, ils ont été contraints de s'adapter. À portée de canon de Chinois de plus en plus agressifs, les Taïwanais sont en train de déménager une partie de leurs usines aux États-Unis même, grâce aux incitations fiscales qu'avait mises en place Joe Biden. C'est l'assurance-vie de la petite république qui disparaît ainsi : si l'Amérique ne craint plus de perdre son approvisionnement en semi-conducteurs, défendra-t-elle Taïwan contre l'inévitable invasion chinoise ?

Une frontière invisible et pourtant bien réelle a donc été installée pour scinder en deux le secteur technologique de pointe, le monde de la Chine et ses alliés, et celui qui est sous influence américaine. Frontière qui existait déjà pour les systèmes d'armement les plus sophistiqués, et qui a été étendue aux technologies qu'on appelle « duales », servant à la fois au civil et au militaire, comme les drones, et jusqu'aux produits électroniques grand public.

La seconde étape de la fragmentation du monde a été franchie au déclenchement de la guerre russo-ukrainienne. En rétorsion à l'invasion russe, les Occidentaux ont décidé de sanctions assez lourdes contre Moscou, frappant notamment le pétrole. L'idée était, comme toujours, de tenter d'asphyxier le régime de Poutine en le privant des précieuses devises qu'il obtient en contrepartie de ses exportations, celles d'hydrocarbures au premier chef. Ces sanctions n'ont pourtant été ni votées, ni appliquées universellement, loin de là. L'isolement n'est d'ailleurs jamais total. Même l'Irak de Saddam Hussein et la Corée du Nord des Kim sont parvenus à maintenir un flux de commerce résiduel malgré les décisions de la communauté internationale, à l'époque bien plus soudée qu'aujourd'hui.

Cette fois-ci, les sanctions ont été un échec retentissant. Car les alliés occidentaux ont sous-estimé le potentiel commercial considérable que la fragmentation de la mondialisation a offert à la Russie. Grâce au commerce avec la Chine, en particulier, qui est devenu le premier partenaire commercial de la Russie, et de très loin. Dès la première année du conflit, les exportations russes vers la Chine ont bondi de plus de moitié. Tandis que les flux inverses poursuivaient aussi leur croissance, commencée dès 2014, lors de la première incursion de Poutine en Ukraine, pour annexer la Crimée. Peu à peu, les Chinois ont remplacé les Occidentaux sur le marché russe, pour à peu près tous les produits, y compris les plus précieux pour Poutine. Pékin a ainsi livré plus de 9 milliards de dollars de technologies « duales », depuis le début de la guerre. Et ce n'est que le début. Les pipelines et le gazoduc Sibérie orientale océan Pacifique qui ouvrent en 2025 vont pouvoir acheminer des quantités très importantes d'hydrocarbures, à prix particulièrement attractif pour Pékin. Il faut noter qu'une part croissante de ce commerce s'effectue en yuan, ce qui contribue à installer la devise chinoise comme alternative au dollar et à l'euro dans cette partie du monde, en devenant une monnaie de réserve de facto pour Moscou. À la Bourse russe, les transactions en yuans sont désormais plus importantes que les opérations libellées en euros[1].

La Chine n'est pas la seule à faire croître ses échanges avec le régime paria. L'Inde, traditionnellement non alignée, achète plus d'un million de barils de pétrole russe par jour, alors que les flux étaient quasiment inexistants avant l'invasion de l'Ukraine. Les pays du Moyen-Orient ont été tout aussi actifs. En réalité, les deux tiers de la planète, si l'on s'en tient à la population et non à la taille des économies, ont continué à commercer avec la Russie, sans aucun égard pour les décisions des alliés occidentaux de l'Ukraine.

La mondialisation alternative, plus ou moins pilotée par la Chine, a donc permis à la Russie d'écouler ses produits et d'engranger tout l'argent nécessaire pour financer la guerre et stabiliser le rouble. C'est-à-dire que les sanctions ne l'ont pas réellement pénalisée, comme l'avait d'ailleurs annoncé Poutine lui-même, à partir de l'expérience qu'il avait faite en 2014, date des premières mesures punitives décidées par l'Occident.

La réalité est même encore plus désagréable. Car ces sanctions, si elles n'ont pas ralenti la marche guerrière du régime de Moscou, ont coûté très cher à l'Europe, sous la forme d'une formidable hausse du prix du gaz. Gaz dont les cours déterminent largement le prix de l'électricité, à cause du mécanisme de fixation des tarifs de l'énergie en Europe. Le Vieux Continent a donc reçu un choc considérable, financé pour partie par les consommateurs, ménages et entreprises, pour partie par les budgets publics, les pays ayant mis en place des subventions importantes pour les consommateurs. Le coût pour l'industrie a été très élevé, en Allemagne particulièrement, où le gaz est beaucoup utilisé. Bon nombre d'usines ont tout simplement fermé et ont été délocalisées en Chine ou aux États-Unis, parce qu'elles ne pouvaient plus supporter de telles charges, dans l'un des secteurs rois d'outre-Rhin en particulier, la chimie. Les sanctions ont donc déclenché un formidable effet boomerang sur l'Europe, alors que les États-Unis, eux, profitaient de la hausse des cours pour écouler leur production de gaz à meilleur prix.

Nous nous rassurons aujourd'hui en expliquant qu'il n'était pas possible de continuer à acheter le gaz à l'ennemi, ne serait-ce que d'un point de vue moral. Certes. Encore faut-il remarquer qu'en réalité, nos achats de gaz naturel liquéfié et de pétrole ont continué, car ils n'étaient pas frappés d'interdiction… Nous avons contrarié les flux commerciaux avec la Russie juste assez pour freiner notre économie et notre industrie, mais pas assez pour frapper la Russie au cœur, à cause de l'émergence de nouveaux canaux d'exportation pour elle.

Depuis dix ans, deux mondialisations se font face, chacune pilotée par un maître du monde en titre ou aspirant. La première, historique, est dominée par l'Amérique. La seconde, toute récente, est d'inspiration chinoise et se nourrit des exclusions proférées par les États-Unis et leurs alliés sur les biens technologiques au départ, puis sur les produits énergétiques et industriels depuis l'invasion de l'Ukraine. À l'origine de cette scission, il y a le changement d'attitude des Américains vis-à-vis du géant asiatique, qu'ils considèrent désormais comme un « rival systémique », pour reprendre les termes de l'administration. C'est le premier mandat de Trump qui constitue ici le point d'inflexion véritable, même si Obama l'avait préfiguré de façon velléitaire. Mais il y a aussi le changement d'attitude de la Chine elle-même, plus confiante, qui ne veut plus s'en laisser conter parce que ses dirigeants, Xi Jinping au premier chef, considèrent que leur heure est venue. Dès 2018, le chef suprême déclarait : « La Chine traverse actuellement sa période de développement la plus favorable depuis l'ère moderne ; parallèlement, le monde est confronté à de profonds changements, jamais observés depuis un siècle. Ces deux tendances sont étroitement liées et progressent de concert ; chacune stimule l'autre. Aujourd'hui comme dans les années à venir, de nombreuses conditions internationales favorables à (notre) réussite diplomatique sont réunies. » On ne saurait être plus clair. C'est la lutte pour la suprématie des deux grandes puissances qui révolutionne l'économie mondiale. Dans les années qui viennent, nous allons assister à la désincarcération progressive de ces deux blocs. C'est une sorte de nouveau rideau de fer qui s'érige, sur un tracé qui ne recoupe qu'en partie celui de la guerre froide.

Une nette partition du monde entre deux camps serait pourtant trop simple. En réalité, les lignes bougent au sein même des deux blocs. En particulier depuis la réélection du milliardaire américain. En présentant ses « tarifs réciproques » saugrenus quant à leur montant, Trump a mis à l'épreuve le camp occidental. Il contribue à fragmenter encore davantage la mondialisation en se mettant le monde entier à dos, ce qui va constituer une incitation puissante pour chacune des puissances moyennes – l'Inde, l'Europe, le Brésil, l'Arabie saoudite, les pays du Golfe, etc. – à s'organiser. Chacune d'entre elles va tenter de constituer sa propre zone d'influence politique et commerciale, en satellisant les acteurs de seconde zone proches sur le plan géographique et culturel. C'est le projet de la Russie, on l'a vu, que de devenir le centre stratégique de la plaque eurasiatique. L'Inde, désormais le pays le plus peuplé du monde, veut aussi jouer sa propre carte. L'Arabie saoudite, émancipée de la tutelle américaine, se prend à rêver de suprématie régionale face à l'Iran. L'Europe rêve aussi de devenir le pôle démocratique de la planète alors que l'Amérique s'enfoncerait dans l'« illibéralisme ».

La reconstitution de ces empires va évidemment se manifester aussi dans le champ économique, et changer complètement les règles du jeu pour les grandes entreprises, qui étaient habituées à une terre aussi lisse qu'un tapis de billard.

Le retour du risque géopolitique a déjà bouleversé la géographie des investissements. Les interdictions explicites de vente, naguère réservées aux matériels militaires, se sont étendues à la technologie informatique et à certaines matières premières critiques comme les terres rares, indispensables pour la transition énergétique, circonscrivant le champ commercial des entreprises concernées. Et ce n'est pas tout. Les droits de douane constituent de nouvelles frictions avec lesquelles il va falloir compter. Au mieux, les tarifs américains subsisteront à 15 %. Une forte secousse pour les Mercedes et BMW, constructeurs automobiles allemands, qui exportent beaucoup aux États-Unis. Ces exportateurs se trouveront face à une alternative : soit augmenter leurs prix de vente pour préserver leurs marges, quitte à sacrifier les volumes, soit maintenir leurs parts de marché en encaissant les marges. Une opération qui entraînera des conséquences durables sur les cours de Bourse, pour lesquels les anticipations de profits constituent un guide essentiel. À moins qu'ils ne décident de transférer aux États-Unis la production des véhicules qu'ils vendent là-bas, afin d'échapper au coup de bambou. Dans ce cas-là, les perdants seraient les territoires industriels allemands et leurs usines, qui verraient partir une bonne part de leur activité.

Chez nous, l'un des secteurs les plus exposés est le cognac, distillé en Charentes, qui se trouve frappé par des pénalités sur ses deux marchés principaux, la Chine et les États-Unis. Les grands producteurs comme Martell (appartenant à Pernod-Ricard) ou Hennessy (groupe LVMH) ainsi qu'une myriade de petites entreprises et d'exploitants agricoles, sous-traitants ou vendant eux-mêmes leur nectar, avaient figuré parmi les grands gagnants du commerce international depuis quarante ans. Le cognac a été l'une des stars de la mondialisation. La progression du niveau de vie, en Chine en particulier, lui avait assuré une croissance formidable grâce aux « nouveaux riches », désireux de consommer des produits statutaires. Les derniers feux ont été consommés juste après les confinements du Covid, lorsque les restaurants et bars de la planète ont rouvert simultanément, déchaînant littéralement la demande d'alcool. Le retournement est d'autant plus brutal : à la mi-2025, les chiffres d'affaires des producteurs de cognac avaient chuté de 30 à 50 %, plongeant la région productrice et sa mono-industrie dans le marasme. Pour un groupe comme Pernod-Ricard, le manque à gagner se monte à plusieurs dizaines de millions d'euros par an à prélever sur les marges pour acquitter les droits de douane américains.

Ajoutons, dans le même ordre d'idées, la décision américaine de remettre en cause la législation anti-corruption. Ces lois qui punissaient les bakchichs et autres valises de billets pour aider à la signature d'un contrat, péniblement adoptées par la communauté internationale, constituaient un socle juridique pour les échanges, même si celui-ci était bien sûr entamé par la persistance de pratiques douteuses. Le fait que les États-Unis s'exonèrent de l'obligation de transparence ne peut que déchaîner les initiatives en la matière, rendant la conquête de marchés étrangers plus incertaine.

Même au sein du bloc occidental, les tensions géopolitiques peuvent faire chuter les ventes, comme Tesla en a fait l'expérience. Au premier trimestre 2025, la commercialisation de véhicules électriques provenant du constructeur américain avait chuté de 37,2 %, alors que les ventes totales de voitures propres avaient bondi de 23,9 % sur la même période. En cause, le soutien appuyé du patron fondateur de l'entreprise aux partis d'extrême droite du Vieux Continent, ainsi que sa proximité tapageuse avec le président Trump. Elon Musk est devenu le symbole de l'arrogance et de l'agressivité de la nouvelle administration. Un symbole d'autant plus détestable, pour une clientèle potentielle sensible aux enjeux climatiques, que Trump ignore délibérément le danger du réchauffement et sabre dans tous les programmes censés l'étudier et le combattre. L'effondrement des ventes atteignait près de 60 % en France en avril 2025, et même davantage aux Pays-Bas, en Suède et en Allemagne, malgré des rabais substantiels sur les prix : on ne voit guère ce qui pourrait inverser la tendance, sauf un changement de marque ou de dirigeant.

La mésaventure est comparable pour Starlink, un service de télécommunications fourni par Musk au moyen d'une constellation de plusieurs milliers de satellites à basse orbite. L'Italie envisageait de confier à Starlink les communications sécurisées du gouvernement et de l'armée, avec un contrat de plus d'un milliard d'euros. Mais pour les mêmes raisons que Tesla, c'est-à-dire les ingérences de son patron dans la vie politique européenne, Starlink suscite une forte opposition dans la classe politique italienne.

La situation se complique encore pour la gestion de ce qu'on appelle la chaîne de valeur des entreprises, c'est-à-dire l'ensemble de leurs sous-traitants directs et indirects. Dans un monde ouvert et sans frictions, la meilleure politique d'achat d'une entreprise, c'est celle qui « source » les composants là où le rapport qualité-prix est le meilleur. Et cela quel que soit leur lieu de production, puisque le coût du transport est souvent négligeable. Chaque grande entreprise industrielle a donc tissé d'innombrables liens qui lui étaient propres, comme une toile d'araignée à la dimension de la planète. Il ne s'agit pas de délocalisations au sens strict – les produits peuvent être assemblés dans les pays de consommation –, mais de la mondialisation des approvisionnements, qui s'est développée dans les années 1990 et n'a cessé de s'étendre depuis, pour le plus grand profit du consommateur. Les partisans du libre-échange y voyaient, jusqu'à une date récente, le meilleur argument pour prédire qu'on ne reviendrait jamais au protectionnisme : ce n'était tout simplement plus possible, sauf à désarticuler ces fameuses chaînes.

L'automobile est l'un des secteurs qui s'est ainsi dispersé dans plusieurs pays, la plupart du temps au sein d'un même continent. Les constructeurs allemands ont établi leur arrière-cour industrielle en République tchèque, en Slovaquie et en Hongrie. Les Japonais et les Coréens, en Chine et en Asie du Sud-Est. Et les Américains, au Canada et surtout au Mexique, deux pays unis aux États-Unis par un accord de libre-échange. Les voitures de General Motors et autres Ford contiennent donc des pièces fabriquées chez les voisins. Telle pièce produite au Mexique part au Canada pour être intégrée dans un bloc qui aboutira dans un véhicule assemblé dans le Michigan… Autant dire que les franchissements de frontières sont innombrables, et que si chacun d'entre eux déclenche une taxation à 25 %, comme l'administration Trump voulait le faire, le coût d'un véhicule pourrait augmenter de 4 000 à 5 000 dollars, soit plus de 10 %. Quant à la désintrication de cet écheveau industriel pour relocaliser, il est toujours possible, mais exige du temps et renchérit inévitablement les produits.

Rien ne symbolise mieux la difficulté des temps actuels que la situation d'Apple, le constructeur informatique californien. La moitié de son chiffre d'affaires provient des ventes de l'iPhone. L'entreprise en produit 230 millions par an, c'est-à-dire 438 par minute[2]. Et si elle parvient à extraire de chaque iPhone Pro, le haut de gamme, quelque 400 dollars de marge, c'est parce qu'elle a construit au fil des vingt dernières années une incroyable chaîne de valeur. Chaque iPhone contient 2 700 pièces détachées, provenant de 187 sous-traitants, installés dans vingt-huit pays différents… Au sommet de cette chaîne : la Chine, qui fabrique encore 85 % des appareils. Initialement, Steve Jobs et Tim Cook, les dirigeants d'Apple, ont fait le pari de la Chine parce que le coût du travail y était le plus faible. Mais ce n'est plus le seul avantage désormais. La Chine offre un écosystème sans équivalent pour l'électronique, alliant qualité exceptionnelle, faibles coûts, flexibilité dans l'adaptation. Le cadre en aluminium est ainsi découpé avec des machines spéciales, dont seule la Chine a aujourd'hui le nombre suffisant pour les cadences de production d'Apple. Seuls les ensembliers chinois comme Foxconn (en réalité taïwanais, mais installé dans le sud de la Chine depuis des décennies) ont le savoir-faire et les réseaux commerciaux et logistiques pour articuler les productions des sous-traitants secondaires venant du monde entier.

Et pourtant, la Chine est devenue dangereuse, même si les produits électroniques ont été temporairement exemptés de droits de douane à l'importation sur le sol américain. Ennemi désigné de l'Amérique, elle n'est plus une place sûre pour y faire fabriquer l'essentiel de la production d'Apple. Depuis dix ans, le constructeur travaille donc à construire un environnement industriel au Vietnam pour les iPad, et surtout en Inde pour les iPhone. L'Inde produit déjà 15 % des téléphones, et Apple envisage d'y transférer toute la production destinée au marché américain à partir de 2026. Une sorte d'assurance contre le découplage et ses risques. Pour autant, la plus grande démocratie du monde est-elle vraiment un pays sûr ? La réponse à cette question a un peu changé après les graves incidents militaires qui l'ont opposée à son voisin, le Pakistan, en mai 2025…

L'ultime sécurité serait évidemment de produire « à la maison », ou bien dans les pays amis. C'est ce que souhaitent mettre en place Trump et sa nouvelle administration avec un plan très ambitieux pour faire renaître aux États-Unis la construction navale. Activité qui est en déshérence depuis Ronald Reagan, dans les années 1980. Car le président mythique avait massivement coupé dans les subventions publiques pour les chantiers, baissant les bras devant la montée en puissance des Asiatiques, Japonais, puis Sud-Coréens, et enfin les grands gagnants, les Chinois. L'empire du Milieu a fabriqué le tiers des navires qui circulent aujourd'hui sur la mer, et il détiendrait 70 % du marché des navires en construction. Quant à la taille des flottes nationales, la Chine a rattrapé et même dépassé les États-Unis en matière militaire, avec quatre-vingts bâtiments de plus. Et l'écart est considérable pour les flottes commerciales : moins de 200 navires américains, contre 5 500 en Chine !

Cette disproportion inquiète, à juste titre, le pouvoir américain. Car elle met l'Amérique à la merci des Chinois, qui pourraient facilement bloquer l'approvisionnement en coques de navires et en grues portuaires, dont ils détiennent un quasi-monopole. En cas de conflit, l'avantage revient dans un premier temps à la flotte qui possède le plus de bateaux disponibles. Mais, très rapidement, il passe dans les mains de celui qui possède la capacité de production la plus puissante et peut renouveler ses forces maritimes. C'est ainsi que l'Amérique avait pu reprendre le contrôle des mers face au Japon et à l'Allemagne pendant la Seconde Guerre mondiale, en construisant 2 700 navires en quatre ans seulement…

Sur ce critère, l'Amérique serait aujourd'hui battue à plate couture. Elle ne possède plus guère que trois chantiers navals, à Tampa en Floride, en Californie et à Philadelphie. D'où le plan de Trump pour taxer tous les navires chinois qui viennent livrer en Amérique, à hauteur de quelques dizaines de dollars la tonne. D'où le plan commun pour faire fabriquer, avec le Canada et la Finlande, des brise-glaces aptes à patrouiller dans les mers de l'Arctique, la nouvelle région d'affrontement entre les grandes puissances mondiales. D'où également des incitations fiscales à destination des transporteurs maritimes internationaux, pour qu'ils viennent faire fabriquer leurs bateaux sur le sol américain. Selon Rodolphe Saadé, le patron de CMA-CGM, l'état actuel de ces chantiers et la quantité et la qualité de la main-d'œuvre ne permettent pas aujourd'hui de construire des navires comparables aux produits venus des puissances industrielles asiatiques. À l'heure actuelle, les coûts seraient quatre à cinq fois supérieurs aux États-Unis par rapport à la Chine ! Il va donc falloir du temps et de l'argent pour reconstruire cette filière, et surtout de la constance.

Ces difficultés à relocaliser se rencontrent dans presque tous les secteurs. À supposer que les compétences existent dans le pays d'accueil, trois ou quatre ans sont nécessaires pour mettre sur pied une usine, et bien davantage pour construire un écosystème de compétences et de technologies comparable à celui qu'a édifié Apple en Chine, qui a dévoré plus de dizaines de milliards de dollars d'investissements. Mais nous l'avons redécouvert, la nécessité politique fait loi, même si son emprise se traduit par des prix plus élevés.

La fragmentation politique du monde est donc en train de bouleverser la géographie industrielle de la planète. La Grande Parenthèse avait déclenché une migration des usines vers l'est, la Chine en particulier, à cause des faibles coûts du travail et, plus tard, de la qualité de la chaîne industrielle développée grâce au capital investi là-bas par les Occidentaux au fil de leurs délocalisations. Le mouvement inverse a déjà commencé. Bruno Le Maire, lorsqu'il était ministre de l'Économie, estimait que de telles redistributions n'intervenaient qu'une à deux fois par siècle, sous l'effet conjugué de la géopolitique et de l'irruption des nouvelles technologies. Le secteur des semi-conducteurs, critique pour l'intelligence artificielle et les armes de demain, a déjà fait l'objet d'un vaste plan de soutien à l'installation aux États-Unis mis en place par le prédécesseur de Trump, Joe Biden.

Les premiers effets en sont d'ailleurs visibles, car le mouvement a été enclenché en réalité après la crise Covid. Une étude de Capgemini, réalisée en 2024 à partir de 13 secteurs industriels dans 11 pays, estimait les projets de relocalisation en Europe et aux États-Unis à plus de 3 000 milliards pour les années 2025-2027, dont 10 % environ pour les entreprises françaises. Première motivation des dirigeants qui veulent revenir chez eux ou dans des pays amis : assurer le contrôle de leurs chaînes d'approvisionnement. Aux États-Unis, on a vu les milliardaires de la tech, le patron d'Apple en tête, défiler à la Maison-Blanche pour annoncer des centaines de milliards de dollars d'investissements industriels.

Certes, il ne s'agit encore que de projets. Et lorsqu'on mesure la part de l'industrie dans nos PIB, ou celle de l'emploi industriel dans le nombre total de postes de travail, il faut de bien puissantes lunettes pour constater le frémissement espéré. Mais n'oublions pas que le mouvement inverse s'est effectué sur plusieurs décennies. Ce sera donc long. Le patron d'un des plus grands groupes de défense expliquait ainsi à l'auteur de ce livre qu'il avait décidé de « purger » sa chaîne d'approvisionnement de tous les sous-traitants chinois, ceux de rang 1, 2 et 3 (c'est-à-dire aussi les fournisseurs des fournisseurs). « Il me faudra au moins une dizaine d'années pour le faire, estimait-il, le temps d'identifier les solutions de remplacement dans les pays acceptables et, le cas échéant, de leur demander les adaptations nécessaires de leur production. »

Nous n'en avons pas conscience, mais le basculement psychologique, le plus important, a été effectué en 2020. Avant le Covid, ceux qui évoquaient la souveraineté industrielle étaient considérés comme des épigones poussiéreux de Jean-Pierre Chevènement, en retard d'une guerre. Désormais, toute offre politique sérieuse vise la défense des intérêts industriels nationaux. Et l'arrivée de Trump a donné encore davantage d'essor à ces politiques, tout comme celle de Reagan, il y a quarante-cinq ans, avait déclenché une vague de libéralisme planétaire.

Si le besoin de souveraineté s'est imposé, c'est parce que nous avons découvert, avec le Covid d'abord, puis la guerre russo-ukrainienne, que nous étions dépendants du bon vouloir de pays qui, d'un jour à l'autre, pouvaient décider que nos intérêts n'étaient pas les leurs. Il va nous falloir au moins une génération pour mettre en accord la réalité avec nos souhaits. Et cela va mobiliser des ressources budgétaires et humaines considérables. L'Occident tiendra-t-il la distance ? L'Amérique, maître du monde de naguère ayant perdu la maîtrise de la mondialisation, semble décidée à livrer cette bataille. Non pas pour retrouver sa place d'avant – elle est désormais inaccessible – mais pour interrompre son déclin. Le mieux qu'elle puisse espérer est de faire pièce à son rival, de façon à le tenir en respect. Quant à l'Europe, tout reste à écrire.

12

Le roi dollar détrôné

Les quelques jours qui ont suivi la présentation par Donald Trump de son tableau récapitulant les tarifs « réciproques » qu'il comptait imposer à ses partenaires, au printemps dernier, ont vu se produire un phénomène inédit : une forte baisse de l'ensemble des titres financiers américains que rien ne semblait pouvoir interrompre. La baisse des actions était logique, les investisseurs anticipant une diminution des marges des entreprises, et donc des dividendes versés aux actionnaires, à cause des droits de douane. L'effondrement des obligations était beaucoup moins compréhensible. Car les emprunts américains libellés en dollars, le plus grand marché du monde, constituaient jusqu'ici la valeur refuge par excellence, celle sur laquelle on se rabat en cas de tempête boursière. Traditionnellement, cette ruée vers les obligations du Trésor américain fait baisser les taux d'intérêt – l'afflux d'investisseurs pour prêter au gouvernement américain fait baisser le prix de l'argent, c'est-à-dire le taux d'intérêt. Cette fois-ci, il n'en a rien été. Au contraire, les taux d'intérêt américains se sont mis à flamber, signalant la désaffection pour ce « papier ».

Selon une étude de la Bank of America, les marchés financiers américains ont subi, début mars 2025, le plus fort exode d'argent jamais enregistré. Et les transferts vers l'Europe ont été les plus importants depuis 1999. Sacrée secousse, tellement puissante qu'elle a contraint le « tireur fou » de la Maison-Blanche à suspendre, pour trois mois, la mise en place des droits de douane qu'il avait annoncée quelques jours auparavant. Une capitulation sans conditions, habillée de borborygmes criant victoire et affirmant que le monde entier venait « lécher le cul » du président américain. C'est à ce moment qu'est apparu dans la presse américaine l'acronyme TACO : *Trump Always Chickens Out*, Trump mollit toujours.

Pour la première fois, les fonds de pension européens, asiatiques et même américains, investisseurs de long terme, se sont dégagés avec une certaine crainte de Wall Street, comme si le sol pouvait se dérober sous leurs pieds. Si l'actif financier le plus sûr du monde, les obligations d'État américaines, est piloté par un homme qui prend le risque de mettre l'économie mondiale à l'arrêt, à qui, à quoi faire désormais confiance ? L'histoire retiendra peut-être que ces jours de mars 2025 ont été ceux où le trône du roi dollar a vu s'écailler ses dorures. Et qu'ils ont ouvert, sur le plan financier, ce que nous avons constaté sur le plan commercial : une forme de démondialisation déclenchée par les changements politiques.

Jusqu'à aujourd'hui, le billet vert domine sans partage la planète financière. Il est utilisé dans 54 % des flux commerciaux planétaires comme monnaie d'échange, 60 % des prêts internationaux, 70 % des émissions obligataires et, sur le marché des changes, sa domination est encore plus éclatante : 88 % des transactions effectuées dans le monde impliquent le dollar. Quant à la masse monétaire en circulation, la moitié des 2 000 milliards de dollars est détenue hors des États-Unis. Il a d'ailleurs cours dans tous les pays du monde. Et, témoignage ultime de la confiance qu'il suscite, il est la devise de l'économie au noir, celle de la drogue en particulier. Le dollar est encore un instrument de réserve capital pour toutes les banques centrales, qui cherchent à garantir leur propre monnaie avec un trésor dans leurs coffres – des devises étrangères et de l'or.

La prévalence du dollar est évidemment le reflet de la prééminence de l'économie américaine. Un reflet exagéré toutefois, puisque le PIB des États-Unis ne compte que pour un gros quart de celui de la planète. Le gigantesque déficit commercial américain alimente aussi la circulation des dollars, puisque l'Oncle Sam paye ses importations en billets verts. Et, plus fondamentalement, le dollar est recherché parce qu'il est sûr. Il émane d'une démocratie libérale, qui respecte la propriété privée, et est relativement tempérante en matière de fiscalité. Un pays qui possédait jusqu'ici la première armée du monde, ce qui lui assurait une tranquillité certaine face aux menaces d'invasion ou de guerre.

Le fait de détenir la monnaie dominante est l'attribut intrinsèque du maître du monde, la crainte qu'inspire la puissance militaire et la confiance qu'inspire une devise étant les deux faces de la même pièce. Voilà une centaine d'années que l'Amérique détient ce privilège, qu'elle avait dérobé au Royaume-Uni au tournant du début du XXe siècle, en même temps que la couronne de maître du monde.

La suprématie monétaire offre à son détenteur un avantage important : la demande de monnaie mondiale étant inextinguible, puisque tous les investisseurs recherchent l'actif financier le plus sûr au moins pour une partie de leur portefeuille, le pays qui l'émet peut s'endetter quasiment sans limite, et à un taux d'intérêt plus faible que ce que justifierait sa situation budgétaire. Un jeune ministre des Finances français avait, en 1964, qualifié ce privilège d'« exorbitant » – il s'agissait de Valéry Giscard d'Estaing. Exorbitant ou pas, il permet aussi à son détenteur de faire fi de ses partenaires en prenant des décisions déterminées par son seul intérêt. Ainsi Richard Nixon décidera-t-il seul de rompre la convertibilité du dollar en or, en 1971, pour s'endetter plus facilement et financer la guerre du Vietnam, brisant ainsi l'ancre du système monétaire international créée lors de la conférence de Bretton Woods. Son secrétaire au Trésor aura alors cette formule célèbre, à l'adresse de la communauté mondiale : « Le dollar est notre monnaie, mais c'est votre problème. »

Cette prévalence assure aux États-Unis la liberté de punir toute entreprise ou tout pays qui contreviennent à leurs intérêts. Car l'utilisation du billet vert dans une simple transaction commerciale ou financière installe les parties prenantes sous l'empire des lois américaines. C'est un autre privilège que se sont arrogé les États-Unis, celui de l'extraterritorialité. BNP Paribas est l'une des nombreuses entreprises à en avoir fait les frais, et lourdement, avec une amende de neuf milliards de dollars qui lui a été infligée parce que la banque française n'avait pas respecté l'embargo décidé par Washington contre le Soudan. Que la banque eût refusé de payer cette somme astronomique, et elle ne pouvait tout simplement plus opérer à Wall Street et aux États-Unis – une condamnation à mort. Les sanctions décidées à l'encontre de tel ou tel pays renégat sont également plus efficaces, surtout si l'on maîtrise non seulement la monnaie mais le système de paiements électroniques, comme c'est le cas pour les États-Unis.

La domination financière et monétaire de l'Amérique a été encore accrue dans les années récentes par l'extraordinaire attraction qu'a exercée la Bourse de New York sur le capital mondial. Pays le plus puissant, le plus dynamique sur le plan de l'économie et de la population, le plus innovant avec ses GAFA et les perspectives ouvertes par l'intelligence artificielle, l'Amérique a littéralement aimanté les investissements ces dernières années. Au point que sa capitalisation boursière, c'est-à-dire la somme des valeurs de toutes les entreprises cotées en Bourse, pèse pour 70 % des marchés financiers mondiaux. Une valeur en réalité très concentrée sur la dizaine de sociétés des nouvelles technologies : Google, Apple, le fabricant de puces électroniques Nvidia notamment, dont les cours atteignent des niveaux sans précédent, même dans les périodes de spéculation les plus folles. Jamais on n'avait investi autant dans un seul pays. Comment expliquer que la Bourse soit de plus en plus unipolaire, alors que le monde devient multipolaire, sinon par un excès d'optimisme sur les perspectives économiques de ces géants ?

C'est tout cet édifice qui se trouve aujourd'hui questionné, sinon en péril. D'abord parce que la bulle boursière commence à montrer des signes de fatigue. Même avant l'épisode des droits de douane, Wall Street avait connu un sérieux accès de faiblesse en 2024, lorsque les Chinois avaient présenté leur moteur d'intelligence artificielle, DeepSeek, élaboré semble-t-il avec une économie de moyens et malgré les restrictions de ventes américaines portant sur le matériel. Une frugalité contrastant avec le déluge de dizaines de milliards de dollars dépensés par les industriels de l'IA outre-Atlantique, qui a fait craindre aux investisseurs un important gaspillage de ressources. Autre rappel à la réalité : Tesla, dont les ventes se sont effondrées en Europe, et qui a perdu plusieurs centaines de milliards de dollars à la Bourse, tout comme la fortune du propriétaire de l'entreprise, Elon Musk. L'avance technologique des Américains est bien réelle, mais le prix boursier qu'on lui donne est délirant. Ce qui l'expose à une correction. Correction devenue plus probable aujourd'hui, car la rafale de décisions contradictoires de la présidence en matière de politique commerciale a conduit les détenteurs de capitaux à réapprécier le risque américain. À la hausse.

L'autre motif d'inquiétude des investisseurs a été l'attaque du patron de la banque centrale, Jerome Powell, par Donald Trump, qui multiplie les posts insultants sur les réseaux sociaux, reprochant au grand argentier de ne pas baisser les taux d'intérêt pour contrer le ralentissement économique. Pour les investisseurs, l'indépendance de l'institut d'émission vis-à-vis du pouvoir politique constitue une garantie importante pour la sécurité de leurs avoirs, et Trump la menace.

De tout temps, les pouvoirs politiques ont cherché à dépenser plus qu'il n'y avait dans les caisses, en créant de la monnaie au risque de déclencher de l'inflation, c'est-à-dire de dévaluer la monnaie. D'où l'indépendance des banques centrales, destinée à rassurer les épargnants et les investisseurs en leur garantissant que leur capital sera protégé. Les manœuvres belliqueuses de Trump à l'encontre de Powell constituent donc un mauvais signal, indiquant que le président est prêt à risquer la réputation des États-Unis pour stimuler l'activité. Plus l'indépendance de la Federal Reserve est malmenée, plus l'exception financière et boursière américaine semble injustifiée. Ce qui peut provoquer une spirale baissière où fuite des capitaux et chute des cours s'entretiendraient mutuellement.

L'autre point de vulnérabilité se situe justement sur le marché des obligations, réputé le plus sûr du monde. Car les États-Unis s'endettent massivement, avec un déficit budgétaire au moins égal à 7 % du PIB qui vient alimenter une dette au plus haut depuis la fin de la Seconde Guerre mondiale. Et les économies budgétaires réalisées par Elon Musk et sa task force n'ont pas changé sensiblement la donne, car la nouvelle administration a dépensé bien davantage entre-temps, et elle pratique de fortes baisses d'impôt qu'elle ne peut pas financer. Les intérêts de la dette fédérale représentent désormais près de 800 milliards d'euros par an, soit un montant proche du budget militaire. Tout autre pays aurait déjà subi une crise de financement, à cause de la méfiance des prêteurs devant une maison aussi mal tenue. Si l'on en croit Ray Dalio, un milliardaire gourou des marchés qui s'est illustré par une très bonne anticipation des crises financières, une telle secousse pourrait intervenir d'ici trois ans. Une crise comme on n'en voit qu'une dans sa vie, ajoute le prévisionniste.

Sur un tout autre terrain, la contestation monte aussi contre l'ordre monétaire imposé par Washington. De la part de la Chine, tout d'abord. Pékin est de plus en plus agacé par la prévalence du dollar et les contraintes que cela fait peser sur sa politique économique et diplomatique. C'est le gel des quelque 300 milliards de dollars d'actifs russes, à la suite de l'invasion de l'Ukraine, qui a constitué un signal d'alarme. Les dirigeants chinois redoutent en effet que, s'ils étaient conduits à envahir Taïwan à la suite d'une déclaration d'indépendance de l'île, leurs propres avoirs ne soient également confisqués. Or, s'ils ont fortement réduit leur exposition au dollar, il reste au bas mot quelque 3 000 milliards investis dans la devise américaine, détenus par des entités publiques ou privées, dont une bonne part hors de Chine. La Chine travaille donc à promouvoir l'utilisation du yuan dans les transactions commerciales, pour réduire le pouvoir monétaire des Américains. Pourtant, malgré sa forte progression récente, la devise chinoise ne pèse encore que pour 9 % des échanges. Parallèlement, les Chinois œuvrent à la construction de systèmes de paiement internationaux alternatifs. C'est l'actuel réseau SWIFT qui est visé. Un réseau qui permet à 10 000 institutions financières dans plus de 200 pays d'effectuer entre elles des transactions financières sécurisées. Société de droit belge, SWIFT est sous l'emprise américaine, et joue donc un rôle clé lors de la mise en œuvre de sanctions contre un pays, lorsqu'elle interdit aux pays parias, sous injonction de Washington, l'accès à son réseau. Pour Pékin, il s'agit d'une aliénation de sa souveraineté.

Idem pour les chambres de compensation de titres financiers, Euroclear et Clearstream, également européennes et tout aussi soumises à Washington, que la Chine veut concurrencer. Ces organismes servent à échanger les titres financiers, à garantir les transactions et à en consigner la trace. Les autorités financières de Hong Kong, territoire chinois, mettent donc sur pied une chambre de compensation asiatique, dont le cœur sera le yuan chinois.

La Chine n'est pas la seule à vouloir se dégager du dollar. Tous les grands émergents, Brésil, Inde, Arabie saoudite, quoique moins exposés à la vindicte américaine, diversifient leurs actifs, en particulier ceux de leurs banques centrales, naguère chargées en dollars et en titres américains. Là encore, le gel des actifs russes a frappé les esprits. Car il a introduit le doute sur la sécurité de leurs avoirs. Ces institutions achètent donc massivement de l'or, depuis plusieurs années, pour remplacer les billets verts dans leurs coffres. Au premier trimestre 2025, les banques centrales en avaient encore acheté 244 tonnes, en ligne avec la tendance des dernières années.

Plus sérieux encore, ce sont les États-Unis eux-mêmes qui veulent réformer le système monétaire mondial. Ils ont ici exactement la même attitude que vis-à-vis de l'ordre stratégique et militaire mondial : Washington considère que les États-Unis payent pour entretenir une stabilité financière qui ne leur profite pas assez, exactement comme ils voient l'OTAN et le parapluie militaire et nucléaire américain déployé sur l'Europe comme un cadeau coûteux sans contrepartie suffisante pour l'Amérique.

De telles récriminations peuvent sembler étranges de la part d'un pays qui bénéficie du « privilège exorbitant » de financer sa dette à bon compte, tout en ayant la liberté de sanctionner qui bon lui semble. Le raisonnement américain, inspiré par Stephen Miran, un économiste proche de Donald Trump, est en réalité très différent. Certes, l'Amérique peut se financer facilement grâce à l'attractivité naturelle de sa devise. Et il y a bien là un avantage, mais plus modeste qu'on ne le dit, estime Miran. D'autant plus modeste qu'il a une lourde contrepartie, la surévaluation du dollar, causée par les achats continus de tous les acteurs mondiaux. Surévaluation qui plombe la compétitivité du pays à l'export et provoque, selon cet économiste, l'énorme déficit commercial. En clair, l'Amérique fournit au monde un bien immatériel très précieux, une devise acceptée par tous qui permet le développement des échanges, en assumant un coût disproportionné, la désindustrialisation du pays à cause de la surévaluation de monnaie.

Pour autant, Miran et Trump veulent conserver la suprématie du dollar, qu'ils jugent indispensable. D'où leur projet fumeux pour avoir le beurre et l'argent du beurre, exactement comme sur le plan géopolitique et militaire : organiser une conférence internationale avec tous les grands partenaires économiques afin de déclencher la baisse du dollar face aux autres devises. À l'instar des accords du Plaza et du Louvre qui, dans les années 1980, avaient fait chuter le billet vert au moyen d'une action concertée des banques centrales.

Ou de la conférence de Bretton Woods qui avait, au sortir de la guerre, posé les fondations d'un ordre monétaire mondial. Les trumpistes ont même trouvé un nom de code pour la future réunion, les « accords de Mar-a-Lago », du nom de la résidence du président en Floride… Quant au risque de ne plus pouvoir se financer, ils ont aussi trouvé la parade. Les obligations américaines détenues par les créanciers institutionnels de l'Amérique, les banques centrales et les États, seraient changées en titres de dette à cent ans, à 0 %, avec donc une économie substantielle pour le Trésor américain, qui n'aurait plus d'intérêts à verser sur la dette ainsi convertie. Toujours la même idée : faire payer au monde le prix de la stabilité. Pourquoi les partenaires des États-Unis accepteraient-ils des conditions aussi léonines ? Grâce à un chantage aux droits de douane. Celui qui refuserait de prendre le « papier » à 0 % se verrait interdit d'accès au marché américain, le plus vaste du monde, avec des tarifs prohibitifs…

Ce plan n'a évidemment pas grand sens. D'abord parce que ses bases sont contestables. Quelle est la juste valeur du dollar ? Cette question vaine n'a pas de réponse, car les taux de change ne reflètent jamais parfaitement les fondamentaux économiques. Les experts s'empoignent et brandissent des calculs très différents, selon la méthode qu'ils utilisent. Ensuite parce que la menace exercée sur les partenaires, et singulièrement sur les alliés, ne peut avoir qu'un seul effet de long terme : affaiblir la confiance portée dans les États-Unis, ses institutions et sa monnaie, en faveur des solutions alternatives. En matière monétaire comme dans le domaine stratégique, la présidence Trump sape méthodiquement tout le *soft power* que ses prédécesseurs avaient construit en cent ans. Le résultat ne sera pas bon pour l'Amérique. Dès aujourd'hui, au vu des premiers mois de la présidence Trump, tout est possible. Une mise sous tutelle de la FED avec révocation de son président, des taxes sur les achats de « Treasuries », les bons du Trésor américain, et bien sûr le contrôle des capitaux, interdisant aux non-résidents de rapatrier leurs avoirs s'il y avait une secousse financière[1].

Il faut ici revenir à la « surexposition impériale » de l'historien britannique Paul Kennedy. C'est parce que l'Amérique est en déclin qu'elle ne peut plus assumer les charges de maître du monde monétaire. Il y a un vrai risque de crise financière et budgétaire américaine, et ces plans fumeux pour la contrer montrent que la nouvelle administration prend l'éventualité au sérieux. C'est du reste assez logique. Car le champ monétaire international est l'un des théâtres de la guerre des empires, qui reproduit, avec un peu de retard, le rapport de force prévalant sur le théâtre militaire et stratégique. La monnaie n'est pas seulement un bien économique et financier, c'est une métaphore de la puissance.

Si le dollar voit son influence s'affaiblir, par quoi sera-t-il remplacé ? Le yuan chinois est un candidat, au moins dans l'esprit des dirigeants de Pékin. Mais il présente des faiblesses qui lui interdisent d'occuper cette place à court terme. D'abord parce qu'il n'est pas intégralement convertible. La Chine répugne à libéraliser complètement les mouvements de capitaux, par crainte de se voir débordée par des fuites massives d'argent en cas de crise politique. Plus important encore, la Chine n'inspire pas confiance, parce qu'elle reste une dictature imprévisible, capable d'envoyer l'armée tirer sur ses étudiants, d'embastiller des libraires séditieux, d'arrêter les opposants, de mettre à l'écart ses milliardaires s'ils contestent le Parti communiste. N'allons pas croire que les détenteurs de capitaux sont attachés à la démocratie. Ils cherchent la sécurité et la rentabilité. C'est donc le respect des droits de propriété qui les intéresse. Or, ce sont les démocraties qui offrent les meilleures garanties à ce sujet. L'ancien patron de la banque Citicorp, Walter Wriston, a parfaitement résumé les attentes de l'investisseur, avec une loi éternelle : « Le capital va là où il est bien accueilli, et reste là où il est bien traité. » La Chine de Xi Jinping n'est pas près de présenter cette garantie essentielle qui a fait la fortune de l'Amérique. Elle pourra étendre la zone yuan dans les royaumes vassaux, comme la Russie. Mais l'on imagine mal qu'elle aille au-delà. Et encore moins qu'un investisseur place sa fortune en Chine pour la mettre en sécurité.

L'euro peut-il alors jouer ce rôle ? Le Vieux Continent en rêve. Et l'on a vu momentanément la monnaie unique bénéficier d'un regain de faveur qui a réjoui ses promoteurs, lorsque le dollar a pâli. Sa remontée était corrélée à de gros investissements dans la dette allemande, le « Bund », réputée la plus sûre. Et la banque centrale européenne travaille à la création d'un « euro numérique », le double digital des bons vieux billets que nous connaissons. L'objectif étant de mettre sur pied un système de paiement numérique à base européenne – les deux tiers des paiements dématérialisés effectués aujourd'hui dans la zone sont traités par des prestataires non européens, comme Visa[2]. Une tâche d'autant plus pressante que les États-Unis font sans relâche la promotion de monnaies numériques comme les *stable coins* en dollars.

Quand bien même les problèmes techniques seraient réglés, l'euro n'est pas un candidat très crédible pour faire pièce au billet vert. Parce qu'il est la devise d'une zone monétaire non intégrée – il n'y a pas de gouvernement de la zone euro. Sa géographie est changeante : de nouveaux pays arrivent, certains anciens menacent de loin en loin de le quitter, comme l'Italie il y a quelques années, d'autres ont été menacés d'en être expulsés, comme la Grèce lors de la grave crise de financement qu'elle a connue. Comme dans une pièce de théâtre de Labiche, qui voit les portes s'ouvrir et claquer en permanence.

L'euro est le complément monétaire du marché unique. Et si même il est géré par une seule banque centrale, la responsabilité politique et militaire qui est l'indispensable complément d'une monnaie restera confuse encore de nombreuses années, à cause de la résistance du fait national. La fameuse question d'Henry Kissinger, secrétaire d'État de Richard Nixon, « L'Europe ? Quel numéro de téléphone ? », n'a pas perdu de son acuité, et vaut tout autant pour notre devise que pour le pouvoir politique. Eux-mêmes conscients de cette contradiction inhérente au projet communautaire, les Européens n'ont d'ailleurs même pas pu se mettre d'accord pour faire figurer sur leurs billets de véritables symboles – des artistes, des monuments, comme on le fait partout dans le monde – par crainte de froisser les susceptibilités nationales dans les pays qui n'auraient pas été retenus pour représenter l'histoire et la culture européennes. Du coup, ils ont opté pour des dessins de ponts et de vitraux fictifs, pour lesquels il a fallu soigneusement vérifier qu'ils ne représentaient absolument rien de réel : toute ressemblance avec des monuments existants eût été purement fortuite, comme le dit la formule consacrée.

L'autre fragilité de l'euro, qui découle de la précédente, est la dilution de la responsabilité budgétaire des parties prenantes. Théoriquement, chaque État membre veille sur son propre budget, de façon à respecter, sinon les critères définis par le traité de Maastricht, qui ont volé en éclats, du moins les canons de la bonne gestion. La discipline s'exerce en principe par l'effet de deux contraintes, la pression des autres gouvernements avec les éventuelles sanctions qu'ils peuvent enclencher contre les pays trop dispendieux, et les taux d'intérêt à long terme, qui pénalisent les emprunteurs les moins crédibles. En réalité, les contrevenants restent largement impunis, voire encouragés à persévérer dans l'erreur. Car il n'y a jamais eu de sanctions prises à l'encontre de quiconque. Et les taux d'intérêt, même s'ils témoignent de l'échelle de risque, sont largement atténués par la solidarité collective implicite. La bonne réputation des pays du Nord, Allemagne en tête, allège le fardeau des mauvais élèves. Ainsi de la France, qui profite encore de taux d'intérêt acceptables, alors que ses finances publiques dégradées la situent désormais en queue de peloton de la zone euro. Et que dire de l'Italie, qui a été littéralement sauvée par une banque centrale européenne multipliant les achats de titres transalpins pour éviter une flambée des taux d'intérêt.

Parmi les grandes monnaies, il n'y a donc pas de candidat crédible pour prendre le relais du dollar, à ce jour. Ne parlons même pas du franc suisse, qui joue certes le rôle de refuge durant les crises et le paye par un taux de change qui n'a cessé de s'apprécier, mais dont la masse monétaire est largement insuffisante. Et pas davantage de l'or, dont la disponibilité n'est pas pilotable, puisqu'elle dépend de l'extraction minière et des découvertes de nouveaux gisements – c'était d'ailleurs l'inconvénient principal du système de l'étalon-or en vigueur avant la guerre de 1914-1918, et brièvement restauré dans l'entre-deux-guerres. Le bitcoin n'est pas plus crédible, pour des raisons similaires : le rythme de création des unités est défini une fois pour toutes par un système inviolable, un rythme de surcroît déclinant. Or et bitcoin joueront certainement un rôle important à l'avenir, compte tenu de leur immunité totale vis-à-vis vis des manipulations monétaires que pratiquent à toute époque les gouvernements. Mais, comme le franc suisse, ils ne peuvent être que des valeurs refuge, dont la valeur progresse en temps de crise. Quant à être la devise mondiale, c'est une tout autre affaire.

Le rapport de force entre les différentes monnaies reflète donc les évolutions économiques et stratégiques qui affectent la planète : le poids relatif des États-Unis diminue, en particulier vis-à-vis de la Chine. Mais pour autant, aucun successeur crédible n'a émergé à l'heure actuelle. Nous sommes, en matière monétaire aussi, dans la phase de transition.

13

Bienvenue à l'inflation

La dernière transformation majeure de l'économie mondiale touche à l'évolution des prix, celle des biens et des actifs.

Pour apprécier les transformations en cours, il faut remonter le temps de quelques décennies. Avant même le début de la Grande Parenthèse, à la fin des années 1970, la philosophie économique et monétaire américaine avait été révolutionnée, sous l'empire du théoricien Milton Friedman, prix Nobel en 1976. Le monde vivait alors une phase inflationniste pénible, car elle se doublait du ralentissement de la croissance. Friedman inventa une cure pour ce problème : il fallait réduire la quantité de monnaie disponible. Car c'est la croissance de la masse monétaire, lorsqu'elle est supérieure à celle de la production, qui crée la hausse des prix. L'inflation est toujours un phénomène monétaire, nous dit l'économiste, elle est l'expression d'un décalage entre le rythme de progression de la quantité de monnaie et celui de la production de biens et de services. Mécaniquement, lorsque le premier est supérieur au second, les prix augmentent. Masse monétaire en circulation et production de biens s'ajustent l'une à l'autre en permanence, l'évolution des prix étant l'expression de cet ajustement. Dès lors que la quantité d'argent mise en circulation augmente trop, le surplus « s'investit » dans l'économie sous la forme d'une hausse des prix.

Pour réduire l'inflation, il faut donc faire le chemin inverse. C'est ce qu'entreprend Paul Volcker, patron de la banque centrale américaine, entre 1979 et 1982. Il augmente alors massivement les taux d'intérêt, pour les porter à 20 %. À cause du relèvement des taux de crédit, les banques ne prêtent plus, les consommateurs n'achètent plus, les entreprises n'investissent plus : la quantité de monnaie en circulation diminue. Au prix de l'une des récessions les plus fortes de l'après-guerre, qui va se diffuser sur la planète – c'est l'effet secondaire de la thérapie monétariste de Volcker inspiré par Friedman. Mais l'inflation ralentit en effet, de façon spectaculaire et rapidement. Volcker a gagné son pari.

Pour autant, les épigones de Friedman n'auraient sans doute pas été aussi chanceux si ne s'étaient produites, quelques années plus tard, la chute du mur de Berlin et l'intégration de la Chine communiste dans l'économie mondiale. En quelques années, le réservoir de population active s'élargit de plusieurs centaines de millions de personnes. Dans les pays d'Europe de l'Est évidemment, qui deviennent les sous-traitants de l'industrie européenne, allemande en particulier. L'électroménager bascule en Pologne, l'automobile en Tchéquie, Slovaquie et Hongrie, profitant d'une main-d'œuvre bien formée et beaucoup moins coûteuse qu'elle ne l'est en Europe de l'Ouest. Et en Chine, qui joue le même rôle pour l'industrie textile, celle du jouet et des produits électroniques, devenant l'usine du monde.

Cette dilatation de la population active joue un rôle essentiel dans la modération planétaire des prix qui se diffuse à partir des années 1990. D'abord parce que les entreprises industrielles ont trouvé le moyen de réduire leurs coûts, en produisant dans les pays où les salaires sont les plus faibles. Elles répercutent cette économie sur le prix des biens industriels, qui baissent en valeur réelle (une machine à laver voit par exemple son prix exprimé en heures de travail baisser). Ensuite parce que cette alternative pèse, par le jeu de la pression de la concurrence, sur les salaires à l'Ouest. On attribue souvent le ralentissement des salaires à la désindexation des années 1980 – les salaires n'étaient plus augmentés automatiquement du montant de l'inflation. Cela a joué, c'est incontestable. Mais une autre cause souterraine et puissante a opéré : la concurrence de producteurs moins coûteux.

L'inflation n'a pas pour autant disparu. Elle s'est en réalité transformée, délaissant le prix des biens pour celui des actifs – l'immobilier et les actions, pour l'essentiel. Car dans le même temps le capital, dont la rentabilité est augmentée par ces prémices de la mondialisation, obtient la liberté de circulation pour s'investir librement où bon lui semble – où il est bien traité, pour reprendre la formule de Wriston. Il se concentre alors sur les actifs les plus rentables, les actions des grandes sociétés multinationales, ou bien les plus prisés, les beaux quartiers des grandes capitales. Les Bourses s'envolent, tout comme le prix de l'immobilier. C'est le début de l'inflation du prix des actifs, qui succède à celle du prix des biens de consommation.

Aujourd'hui, tout s'inverse. Car le monde se referme, imposant aux entreprises d'intégrer un nouveau paramètre dans leur équation, les alliances stratégiques de leur pays d'origine et le risque si elles s'en écartent en produisant en terres hostiles. Là où elles décidaient de leurs investissements exclusivement à partir de considérations économiques – les coûts de production et de transport, les perspectives du marché –, elles intègrent désormais le risque politique, on l'a vu, ou celui de la souveraineté, ce qui est la même chose. Immanquablement, cela va faire augmenter les coûts, et donc les prix. Un monde plus cloisonné est un monde plus inflationniste. Nous en avons déjà mentionné plusieurs exemples : un navire fabriqué aux États-Unis coûte quatre à cinq fois plus cher que s'il provenait des chantiers navals chinois. Un iPhone fabriqué en Inde coûtera plus cher qu'en Chine, car Apple devra investir des dizaines de milliards de dollars dans la construction d'un écosystème industriel de grande ampleur à New Delhi, capable de produire des centaines de téléphone à la minute. Et s'il était produit aux États-Unis, comme le veut Donald Trump, son prix atteindrait au bas mot 3 000 dollars, contre un peu moins de 2 000 pour le haut de gamme actuellement.

Le pari de la relocalisation est structurellement inflationniste, parce qu'il va à rebours des stratégies optimales sur le plan des coûts. La hausse de l'emploi et des salaires est d'ailleurs l'un des objectifs affichés par l'administration américaine. La hausse des droits de douane n'est que le moyen d'y parvenir, pour placer les industriels devant une alternative dont les deux branches sont pénalisantes pour le consommateur, parce qu'inflationnistes : soit faire fabriquer à l'étranger, payer les taxes douanières et les refacturer en partie au client final ; soit produire en terre américaine, avec des coûts et des salaires sensiblement plus élevés, qu'il faudra aussi intégrer dans les prix de vente.

En corollaire, les profits des entreprises devraient baisser. Car les surcoûts seront partagés entre le client et l'actionnaire, dans des proportions variables selon les secteurs. Moins de profits, c'est assurément moins de dividendes, donc des cours boursiers moins dynamiques : les deux grands gagnants de la Grande Parenthèse, le consommateur et l'actionnaire, vont passer à la caisse. Au profit de l'État, qui perçoit les droits de douane, et du salarié, qui devrait voir ses opportunités d'emploi et de rémunération s'améliorer. C'est une inversion totale qui se profile, un tout autre modèle économique. On mesure ici que l'érection de frontières bouleverse la répartition des richesses dans une société, tout comme l'avait fait leur disparition progressive il y a près de cinquante ans.

Quel est le modèle optimal, avec ou sans frontières ? Quoi qu'en disent les économistes, cette question n'a pas de réponse définitive. Chacune de ces deux options fait des gagnants et des perdants, ce ne sont juste pas les mêmes. Les différents groupes sociaux – le capital et le travail, pour simplifier – luttent les uns contre les autres dans l'espoir d'infléchir en leur faveur la distribution des richesses. Tantôt les uns l'emportent, tantôt ce sont les autres qui parviennent à inverser la tendance. Quand le capital l'emporte, on abaisse les frontières. À l'inverse, quand il perd, on les rétablit.

Le choix entre le libre-échange et le protectionnisme dépend donc du rapport de force, lequel n'est jamais stabilisé pour toujours. Car les gagnants exagèrent toujours, cherchant à augmenter leur avantage au détriment de ceux qu'ils ont vaincus, jusqu'à ce que leurs pressions provoquent les excès propices au retournement. Ainsi le Royaume-Uni sera passé du protectionnisme au libre-échange, des *corn laws*, une législation qui protégeait les céréaliers à la fin du XVIIIe siècle, à leur abolition quelques décennies plus tard, au seuil de l'émergence de l'Empire. Le pays a connu la même métamorphose au XXe siècle. Dans les années 1970, l'Angleterre était paralysée par les grèves, les règles et les impôts, jusqu'à la révolution libérale thatchérienne en 1979, qui a abaissé les frontières commerciales, déréglementé le marché du travail et démantelé les subventions sectorielles pour laisser faire le marché, entraînant dans son sillage les États-Unis de Reagan, puis le reste du monde.

L'économie qui nous attend est donc sensiblement différente de celle des quarante dernières années. Elle devrait être marquée par le surplomb de la géopolitique, et devra se réorganiser et redéployer des chaînes de valeur respectant les lignes de fracture qui séparent désormais les puissances les unes des autres. Nul doute que les grandes entreprises ne parviennent à le faire. Mais ce n'est pas le seul enjeu des changements qui s'opèrent. L'économie des empires va demander aussi que nous utilisions de nouveaux outils de politique économique. Nos gouvernements européens sauront-ils le faire ? L'Europe est-elle prête pour la confrontation économique des grandes puissances, elle qui croyait naïvement que le commerce et la paix allaient changer le monde ? Et la France, tour à tour inspirée par le souvenir de sa gloire passée et paralysée par l'étatisme forcené qui atteint son sommet sous la présidence Macron, peut-elle se redresser ?

PARTIE III

Quelles chances pour la France et l'Europe ?

Dans la confrontation entre les empires qui s'amplifie, l'Europe est aussi désorientée qu'un mammouth qui sortirait des glaces aux temps du réchauffement climatique. La température la fait souffrir, elle regrette le monde d'avant et ne parvient pas à s'adapter. Tout comme le mammifère préhistorique, elle risque de disparaître.

Le plus frappant, outre les indicateurs économiques qui témoignent de la dégringolade, c'est ce mélange de lucidité et d'impuissance qui a saisi les rares grandes consciences européennes qui subsistent. Il y a trente-cinq ans, Jacques Delors et sa génération dessinaient, au fil des rapports qu'ils écrivaient, une perspective pour l'avenir, celle d'un continent libre et prospère dont les parties œuvreraient à un destin commun. Il n'y avait alors guère de doute que l'Europe égalerait les États-Unis, voire les dépasserait… Désormais, les rapports se succèdent pour pointer le retard du Vieux Continent sur le reste du monde. Dernier en date, la somme écrite par Mario Draghi, l'ancien patron de la banque centrale européenne, qui a fait l'inventaire documenté de nos faiblesses économiques et industrielles. Mais à titre de solution, notre Jean Monnet des temps modernes propose… un gigantesque emprunt annuel de 800 milliards d'euros. Ainsi va l'Europe de 2025. Un problème ? Cinquante pages de réglementations absconses. Un gros problème ? Un emprunt.

14

La décennie où l'Europe a décroché

Commençons justement par l'économie et le silencieux déclin qui l'a saisie. Car s'il faut appeler les choses par leur nom, l'Europe est en déclin. Certes, notre marché comprend 440 millions de consommateurs, c'est le plus grand du monde, avec un niveau de vie élevé. Nous pouvons également nous prévaloir de posséder 23 millions d'entreprises[1]. Mais la comparaison avec les États-Unis est éclairante – et inquiétante. En 2002, l'écart de PIB de l'Europe avec l'Amérique était de 15 %, il a doublé aujourd'hui, atteignant 30 %. La croissance du revenu disponible (après impôts) a été deux fois plus forte aux États-Unis que chez nous sur la période.

À l'origine de notre dérive, il y a bien sûr la démographie. Non pas tant le déclin du nombre d'habitants que celui du nombre d'actifs, c'est-à-dire de la population entre 20 et 64 ans. L'Europe est le seul continent où ces tranches d'âge s'amenuisent, et cela depuis déjà une quinzaine d'années. En 2011, le continent comptait 270 millions d'actifs, le nombre le plus élevé jamais enregistré, pour tomber à 261 millions en 2024. L'ONU évalue ainsi la part de ce groupe à 58 % de la population totale, alors qu'il était de 61,4 %

en 2008. Et la tendance ne fait que commencer, elle s'accentuera dans les années qui viennent, particulièrement en Allemagne, en Italie, en Espagne. La France reste relativement préservée grâce aux dividendes de sa natalité jusqu'à ces dernières années. Selon le rapport Draghi, l'Europe perdra 2 millions d'actifs chaque année à partir de 2040.

Or, ce paramètre est essentiel pour l'activité économique. Par définition, les actifs sont les seuls à contribuer au PIB. S'ils sont moins nombreux en proportion, le PIB croît moins vite, alors que les transferts financiers vers les inactifs, les jeunes en formation et les séniors, augmentent. C'est ce que nous observons en Europe depuis quinze ans, alors que les États-Unis restent l'un des rares pays développés où la population active continue à augmenter. Et continuera à le faire dans les années qui viennent.

La démographie produit de puissants vents contraires. Mais malheureusement, ce n'est pas le seul facteur qui handicape notre économie. Avant d'en venir à nos faiblesses intrinsèques, il faut noter que l'environnement s'est considérablement dégradé sous l'effet de la révolution géopolitique décrite dans les précédents chapitres. À commencer par le ralentissement du commerce mondial qu'on observe depuis la grande crise financière de 2008-2009, et qui va s'accentuer sous l'effet du protectionnisme avec les droits de douane et la fragmentation de la mondialisation. En gros, avant la grande crise financière, les échanges progressaient deux fois plus vite que le PIB. Depuis, ils évoluent comme la croissance, au mieux. Or, le commerce international a été un moteur très important pour le Vieux Continent, via la grande nation exportatrice qu'est l'Allemagne et, dans une mesure moindre, les pays d'Europe du Nord et l'Italie, qui en diffusaient les bénéfices chez les autres. Entre 2000 et 2019, la part du commerce était ainsi passée de 30 à 45 % du PIB continental, alors qu'elle avait à peine bougé aux États-Unis, aux alentours de 25 %. Cela nous laisse vulnérables.

Autre élément qui nous tire vers le bas : le prix de l'énergie. Depuis la guerre d'Ukraine, qui a souligné notre dépendance vis-à-vis de la Russie (en 2021, 45 % des importations européennes de gaz provenaient de Russie), le coût de cet intrant essentiel pour l'industrie est devenu deux à trois fois plus cher qu'en Amérique pour l'électricité, et quatre à cinq fois supérieures pour le gaz… Certes, des filières d'approvisionnement parallèles ont été mises en place pour le gaz, provenant par exemple du Qatar et des États-Unis. Mais à ce jour, l'Europe continue d'importer du gaz liquéfié de Russie, tout en affichant sa volonté de s'en dégager à terme. La montée des cours n'est donc pas terminée, elle est fatale pour l'industrie.

Enfin, nous sommes exposés à la concurrence chinoise bien davantage qu'auparavant. En 2002, selon les calculs de la Commission européenne, le quart de notre production était concurrencé par les exportateurs de l'empire du Milieu. Alors que ce sont aujourd'hui 40 % des produits qui se trouvent sous la menace d'exportateurs profitant de subventions publiques proscrites par les règles du commerce régulier.

Au-delà de ces causes extérieures à l'économie elle-même, le déclin relatif de l'Europe s'explique aussi par des raisons propres à notre modèle. D'abord la faiblesse du temps de travail, lorsque nous nous comparons aux autres grandes zones. En Europe, nous travaillons 776 heures par habitant. L'OCDE obtient ce chiffre en divisant la totalité des heures de travail effectuées sur une année par le nombre d'habitants, quel que soit leur âge. Au sein même de l'Europe, la France est à 666 heures, le chiffre le plus faible de tous les pays de l'OCDE… Alors que cet indicateur atteint 847 pour les États-Unis et 888 au Royaume-Uni. À population égale, l'Amérique travaille donc 9 % de plus que l'Europe, et 27 % de plus que la France.

Ce n'est pas tant le nombre d'heures par semaine qui est en cause que la part de la population au travail, singulièrement chez les jeunes et chez les plus de 55 ans, qui est faible dans toute l'Europe du Sud, France comprise, même si de notables progrès ont été effectués depuis le report de l'âge légal de départ à la retraite de 60 à 62 ans, sous la présidence de Nicolas Sarkozy.

Cet écart est d'autant plus problématique qu'une heure de travail, de part et d'autre de l'Atlantique, ne produit pas le même résultat, car nous sommes moins productifs que les Américains. Et cela explique en partie notre décrochage. Sur un siècle, l'évolution de la productivité des deux continents est intéressante. À la veille de la Première Guerre mondiale, l'Europe était à 70 % du niveau américain. L'industrie américaine était en effet plus récente, donc mieux équipée. Cet écart se maintient entre les deux guerres, en particulier à cause de la différence de taux d'électrification. Au sortir de la Seconde Guerre, l'Europe effondrée et détruite tombe à 22 % de l'Amérique. Elle entame avec les Trente Glorieuses un rattrapage continu qui culmine en 1995, à 95 % du niveau américain. Mais depuis, nous sommes retombés. À 80 %. C'est-à-dire que notre productivité relative a reculé.

Pour Mario Draghi et les auteurs du rapport qui porte son nom, l'explication est à trouver du côté des technologies de l'information. Explication double en réalité. D'une part, la taille du secteur *high-tech* lui-même est beaucoup plus modeste dans l'économie européenne qu'en Amérique. Or, c'est le secteur le plus productif. Ce faible poids relatif tire donc notre performance globale à la baisse. De l'autre, les secteurs traditionnels de l'économie sont moins utilisateurs des technologies chez nous qu'Outre-Atlantique, ce qui contribue aussi à nous faire distancer.

Seulement quatre des cinquante premières entreprises mondiales dans la technologie sont européennes. Et quand bien même nous en créons, elles ne parviennent pas à grandir comme il le faudrait. Notre principal opérateur de « *cloud* », le stockage de données informatique à distance, ne détient ainsi que 2 % du marché européen. Ou elles ne restent pas dans les frontières de l'union. Entre 2008 et 2021, près de 30 % des « licornes », ces start-up valorisées plus d'un milliard d'euros, ont quitté le Vieux Continent, principalement pour les États-Unis. Elles s'expatrient parce qu'elles ont davantage de perspectives de financement là-bas que chez nous, où les investisseurs sont plus rares et plus chiches. Notre capacité à créer de grandes entreprises s'en ressent. Toutes les entreprises valant chez nous plus de cent milliards d'euros en Bourse ont été créées il y a plus de cinquante ans. Aux États-Unis, les six qui pèsent plus de mille milliards de dollars ont moins de cinquante ans.

Cette faiblesse de l'innovation a plusieurs causes. La foisonnante surréglementation européenne tout d'abord. En matière d'intelligence artificielle par exemple, l'usage des données, indispensable pour « entraîner » les machines, est beaucoup plus encadré chez nous, car l'Europe a souhaité protéger ses citoyens contre les utilisations abusives des informations personnelles. L'environnement réglementaire américain est bien plus souple. Pour approuver un nouveau traitement pharmaceutique, 430 jours sont nécessaires en Europe, contre 330 chez l'Oncle Sam. L'Europe est à l'origine de 17 % des brevets déposés dans le monde, contre 21 % aux États-Unis et 25 % en Chine. Ce n'est ni la qualité des cerveaux, ni celle des universités qui en cause, mais le peu de lien entre le monde académique et celui de l'entreprise, ainsi que la dispersion préjudiciable des crédits.

La troisième cause, probablement la plus importante, touche au financement : nous n'investissons pas assez. Nos entreprises dépensent 270 milliards de moins chaque année que leurs homologues américaines. Et encore notre effort est-il concentré dans les secteurs déjà mûrs, comme l'automobile, et non dans les secteurs innovants, un peu comme les États-Unis il y a vingt ans, qui mettaient alors leur capital dans l'automobile et dans la pharmacie. Aujourd'hui, les Américains se sont tournés vers les activités nouvelles, ce qui leur permet de faire la course en tête et d'irriguer l'ensemble de leur tissu productif avec les applications toutes récentes de ces technologies. Cela leur permet encore d'attirer les start-up créées ailleurs, qui se voient ouvrir des perspectives de financement ou de rachat sans commune mesure avec ce qu'elles auraient en restant en Europe. Combien de temps par exemple la France va-t-elle pouvoir conserver sur son sol Mistral, la pépite de l'intelligence artificielle tricolore ? Son principal concurrent, Open AI, américain, créateur de Chat GPT, est financé à hauteur de dizaines de milliards outre-Atlantique. Si le Français veut éviter d'être marginalisé, il faudra impérativement qu'il aille se nourrir à la source de capital la plus importante, il n'a pas d'autres choix possibles. Sauf à finir comme Deezer, le « Spotify » français qui, malgré son avance il y a vingt ans, s'est laissé dépasser par de gigantesques plateformes de streaming. Ou encore Qwant, le moteur de recherche Internet lui aussi français, qui n'a jamais émergé face à Google, Chrome ou Firefox.

Le manque d'investissements ne frappe pas que les technologies de l'information. Le spatial, par exemple, est l'objet d'un renouveau considérable depuis quelques années, dominé encore une fois par l'Amérique. Des dizaines de satellites bas orbite sont désormais lancés chaque mois, pour constituer ce que l'on appelle des constellations : des réseaux spatiaux qui permettent de connecter à l'Internet haut débit tout point du globe terrestre, sans infrastructures au sol. Avec toutes les applications civiles et militaires qui en découlent, pour la communication et la surveillance.

L'Europe avait été à la fois pionnière dans les télécommunications sans fil – la norme GSM a été inventée chez nous, il y a plus de trente ans, par des géants industriels comme Alcatel, Nokia ou Siemens – et dans le spatial, avec le succès de la fusée Ariane, n° 1 mondial des lancements spatiaux pendant plusieurs décennies. Et pourtant aujourd'hui, nous ne sommes plus qu'un acteur marginal, avec une fusée Ariane 6 coûteuse et non réutilisable, dont la capacité d'emport est certes considérable, mais qui n'est pas adaptée au marché des satellites bas orbite de télécommunication. De l'autre côté de l'Atlantique, l'essor de SpaceX, fondé et dirigé par Elon Musk, est proprement sidérant. Ses fusées légères et réutilisables assurent une dizaine de lancements par mois, permettant la mise en orbite de satellites pour la constellation Starlink, en monopole de fait. À la mi-2025, Starlink possédait plus de 9 000 satellites autour de la terre. Et un autre Américain, Blue Origin, fondé par Jeff Bezos, le patron d'Amazon, se profilait déjà, avec ses propres lanceurs.

L'Europe s'est bien dotée du projet de constellation IRIS2, mais elle dépend, pour le mettre en œuvre, des lanceurs… américains ! Il n'y a en réalité que la France qui possède une constellation réduite, avec Eutelsat, qui avait racheté un opérateur britannique possédant 650 satellites actifs. Emmanuel Macron a annoncé en juin 2025 la montée de l'État au capital de l'entreprise, pour soutenir son développement. Une louable initiative, qui souligne toutefois la faiblesse du capital privé chez nous – l'armateur CMA CGM est le seul groupe privé français à avoir mis au pot lors de cette augmentation de capital –, contrastant avec la vitalité et le goût du risque de son homologue américain.

Comment l'Europe a-t-elle dégringolé à ce point, après avoir été en pointe ? Là encore, il y a un défaut d'investissement. Les lanceurs se financent, au moins au départ, avec les commandes publiques, civiles et militaires. Or, l'Europe dépense 15 milliards par an, là où les États-Unis déboursent 73 milliards. Alors que la Chine monte en puissance et s'apprête à dépasser elle aussi l'Europe. Ultime bizarrerie européenne, les programmes spatiaux communs comme Ariane fonctionnent avec le principe du « retour géographique ». Autrement dit, chaque pays financeur a le droit d'obtenir sur son sol une proportion de la fabrication, proportionnelle à l'argent qu'il a mis. Cette règle, d'inspiration politique, se traduit par des complications et des surcoûts inouïs dans l'organisation de la production à l'échelle du continent. Philippe Baptiste, ancien patron du Centre national d'études spatiales (CNES) et ministre de l'Enseignement supérieur et de la Recherche dans le gouvernement Bayrou, avait pris parti publiquement pour la suppression de cette entrave, mais il n'a pas été suivi.

Le paradoxe, c'est que l'argent ne manque pas en Europe. Selon le rapport Draghi, nous avons épargné, collectivement, 1 400 milliards en 2022, à mettre en rapport avec les 840 milliards que les Américains ont mis de côté cette même année. Différence d'autant plus surprenante que les Européens profitent, pour la plupart, d'un système de retraite par répartition, financé avec des cotisations obligatoires qui leur garantissent que leurs vieux jours sont assurés. Alors que les Américains doivent financer eux-mêmes, avec leur épargne, cette période de la vie.

Mais les sommes importantes que nous épargnons ne sont que peu utilisées pour le financement des entreprises, et encore moins pour celui de l'innovation. Les Européens les placent en obligations d'État, réputées plus sûres – en France via l'assurance vie et sa niche fiscale –, en livret A et autres produits à rémunération faible mais garantie par les banques ou par l'État. La Bourse effraie, à cause de l'incertitude qui lui est associée : l'épargnant n'est pas sûr de retrouver son capital initial. De surcroît, les marchés financiers européens ne sont pas unifiés. Il n'existe pas d'autorité de régulation unique, et pas davantage de régime fiscal harmonisé. L'épargnant aventureux qui voudrait acheter des titres en dehors de son pays d'origine s'expose donc à des complications. Les pays européens possédant des fonds de pension, qui collectent l'épargne pour la placer à long terme sur les marchés financiers, ne sont que peu nombreux : les Pays-Bas, le Danemark, la Suède.

L'investissement manque donc chez nous de carburant, tant à cause de facteurs culturels que réglementaires, et de la fragmentation des marchés financiers. Les banques et assurances offrent bien sûr des produits d'épargne placée en Bourse, mais ceux-ci ne sont prisés que par les gros épargnants, qui ont vaincu l'aversion au risque traditionnelle des Européens. Et encore ces produits sont-ils constitués largement, ultime paradoxe, d'actions… américaines ! Chaque année, les Européens envoient quelque 300 milliards aux États-Unis, pour faire fructifier leur argent en profitant de l'environnement pro-business et du dynamisme de l'innovation là-bas. C'est encore une fois l'« économie NBA », qui fonctionne comme un club de basket-ball, recrutant à la fois les meilleurs talents du monde et les investisseurs les plus importants. La meilleure chance, pour une entreprise européenne innovante, de récupérer le capital européen disponible pour son aventure, c'est donc d'aller le chercher… sur les marchés financiers américains.

Ultime désavantage : nous sommes dépendants pour tous les ingrédients de la croissance. L'énergie, d'abord, puisque nous ne produisons ni hydrocarbures, ni uranium. Il n'y a guère que les énergies intermittentes, solaire et éolien, qui soient à notre portée. Et encore avons-nous laissé filer les filières industrielles concernées en Chine : l'Europe ne fabrique quasiment plus de panneaux solaires, et l'éolien est en sursis – l'un des leaders européens, le Danois Ørsted, a vu son cours de Bourse divisé par sept depuis 2021. Les semi-conducteurs ensuite, ces composants électroniques, où les modestes capacités du Franco-Italien SMT et celles qui existent en Allemagne ne suffisent pas à satisfaire la demande sans cesse croissante, de la part de toutes les industries. Capacités qui produisent, encore une fois, du moyen de gamme. Le haut de gamme appartient à l'Amérique et à l'Asie, Taïwan en tête. Au total, l'Europe ne détient que 10 % de la chaîne de production mondiale des semi-conducteurs, contre 38 % aux États-Unis et 39 % en Asie. Même si elle possède, c'est vrai, le géant néerlandais ASML, lointain héritier de la compagnie Philips, qui est le leader mondial de la découpe ultra-haute précision du silicium.

Les minerais rares enfin, les cobalt, nickel et autres lithium, indispensables pour fabriquer les batteries des voitures et les aimants des éoliennes. Le peu que nous avons en sous-sol est difficilement exploitable à cause de la réticence de plus en plus forte des populations pour l'exploitation minière. Et c'est la Chine qui détient, sinon le monopole, du moins une part prévalente, à la fois pour la production des terres rares elles-mêmes et surtout pour le raffinage de ces éléments critiques.

Ce qui est frappant, c'est le retard pris par l'Europe sur cette question des dépendances. Certes, on ne changera pas notre sous-sol pour faire jaillir du gaz et offrir des réserves de lithium. Mais la dépendance physique n'est pas insurmontable. L'exemple de la Chine le montre. Voilà plus de vingt ans que le pays travaille, à force d'accords internationaux, à se constituer un accès privilégié aux réserves d'Asie centrale et d'Afrique. Sur le seul premier semestre 2023, la Chine a investi 10 milliards de dollars pour l'extraction des minéraux critiques dans le monde, dans les pays appartenant au projet des Nouvelles Routes de la soie. Quant à l'Amérique, elle est partie plus tard, mais elle met les bouchées doubles, à la fois sur les matériaux critiques et sur les semi-conducteurs, depuis la présidence Biden, qui a entrepris de « déménager » littéralement les usines taïwanaises aux États-Unis, à force d'incitations fiscales et d'injonctions politiques et réglementaires à l'encontre de la petite république chinoise. La politique étrangère de Trump est désormais largement déterminée par la sécurisation de l'accès américain à ces ressources et à ces technologies. D'où son intérêt pour le Groenland et le Canada. En Europe, les initiatives nationales et communautaires sont à la fois plus modestes et non coordonnées, ce qui leur donne moins de poids.

Faible investissement concentré dans les secteurs mûrs voire déclinants, faible productivité, coût du travail élevé, innovation poussive, persistance de dépendances marquées : l'Europe ne parvient pas à monter en gamme, elle est coincée dans le piège de l'industrie de niveau intermédiaire.

Le rapport Draghi, analysant les causes de cet état de fait, insiste sur deux points : la fragmentation des marchés, indubitable, malgré les quelque quarante années de l'Acte unique entré en vigueur en 1993, qui interdit de jouer des effets d'échelle, face à deux pays de grande taille, l'Amérique et la Chine. Une dispersion qui vaut à la fois pour l'investissement, atomisé, et pour le développement commercial. Ainsi, si les pays d'Europe constituent, collectivement, le deuxième budget militaire au monde, il y a encore douze types de chars militaires opérant sur le continent. Pas de standardisation, pas d'interopérabilité, pas de coordination. Comment lancer un programme industriel ambitieux si les perspectives de vente sont amoindries par la persistance de frontières ? Draghi pointe aussi la production délirante de réglementations, mises en place bien souvent avant même qu'un secteur ne naisse, qui entrave les initiatives et leur rentabilité. Sur la période 2019-2024, le rapport dénombre 5 000 actes de régulation aux États-Unis, ce qui est déjà considérable, et 13 000 en Europe !

Tout cela est sans doute amendable, au prix d'efforts importants. Mais cela ne suffirait peut-être pas. Car notre faible croissance, si elle résulte des nombreux facteurs convergents que nous venons de parcourir, est aussi la conséquence d'un choix collectif. Un choix qui a sa noblesse, c'est la redistribution sociale destinée à limiter les inégalités, au moyen d'une fiscalité plus élevée qu'ailleurs. Mais qui est dissuasif pour la croissance.

Il n'est pas question ici de mettre en cause le modèle européen, qui possède une puissante légitimité politique sur le continent – pas au Royaume-Uni bien sûr, beaucoup plus libéral par culture. Cette légitimité est même l'un des traits qui réunit les Européens et contribue à les distinguer du reste du monde. C'est un élément fondamental de notre culture politique et de notre histoire. Il s'est d'ailleurs élaboré au fil des grandes luttes sociales des deux derniers siècles (et aussi, c'est moins glorieux, grâce aux prébendes que les Européens ont tirées de la colonisation qui ont financé en partie notre croissance). Mais ce choix d'organisation de l'économie a un coût, une croissance plus faible qu'ailleurs, parce que les incitations à entreprendre et à s'enrichir sont plus faibles.

La part de revenu que s'attribuent les 10 % les plus fortunés de la population est légèrement supérieure à 30 % en Europe, c'est le chiffre le plus faible de toutes les grandes régions de la planète. Aux États-Unis, on approche 50 %, comme la moyenne mondiale. La corrélation entre le niveau des inégalités et le dynamisme de la croissance n'est certes pas absolue. Elle est par exemple démentie par les pays d'Europe du Nord comme le Danemark ou la Suède, qui conjuguent à la fois forte redistribution, fiscalité élevée et dynamisme économique. Et à l'inverse, il existe des pays très inégalitaires et dont les performances économiques sont médiocres, en Amérique latine et en Afrique notamment. Reste qu'il ne peut y avoir de redistribution sans impôts significatifs, et que la fiscalité forte ne fait pas bon ménage avec la croissance. L'inclusion sociale offre de nombreux bénéfices, mais elle a aussi un coût. L'Europe continentale le paye.

15

Une Commission qui joue contre son camp

Le bilan de santé économique du Vieux Continent n'est donc guère reluisant. Et c'est d'autant plus problématique que la construction européenne elle-même semble désormais patiner. Voire malmener nos intérêts dans la compétition mondiale. Au cœur du problème : l'institution clé, la Commission, mal gouvernée, souvent à contretemps, et entraînant dans sa chute l'idée même d'une « union toujours plus étroite » entre les pays du Vieux Continent, pour reprendre les termes de l'article premier du texte fondateur, le traité de Rome de 1957.

Il n'en a pas toujours été ainsi. Il y a trente-cinq ans, l'Europe avait développé une puissance d'attraction sans égale. Au point qu'après l'effondrement des régimes communistes, les pays de la partie orientale du continent n'avaient qu'un but : rejoindre ce qui était alors la Communauté économique européenne, la CEE, préfiguration de l'Union. Parce qu'ils y voyaient une ancre dans le système politique et économique libéral, la démocratie et le marché, qui interdisait à jamais le retour de la dictature qu'ils avaient connue. L'Europe était alors l'un des endroits les plus développés au monde, disposant d'un modèle social sans équivalent, nourri par l'expérience d'une longue histoire et d'une culture tout à la fois diverse et commune, comme les différentes branches d'un même arbre.

Auparavant encore, dans la décennie 1980, la construction européenne avait été un puissant aiguillon pour moderniser les pays fondateurs, la France et l'Allemagne en particulier. Dans le monde de l'après-guerre, protectionniste et dominé par la guerre froide entre les États-Unis et l'Union soviétique, ces pays vivaient relativement fermés sur eux-mêmes. L'économie était lourdement contrôlée par l'État, qui allait jusqu'à fixer le prix des biens et à autoriser ou non les licenciements des entreprises. En France et en Italie, deux travers persistants affaiblissaient l'économie : des dépenses publiques trop importantes et des augmentations de salaires incompatibles avec la productivité. Aussi ces pays pratiquaient-ils régulièrement la politique de l'ardoise magique, la dévaluation de la monnaie, qui permettait de rétablir les équilibres sur le dos des épargnants, qui voyaient fondre leur bas de laine.

D'où l'idée des pionniers de l'Europe, dès l'après-guerre : soumettre les pays européens à la concurrence réciproque, de façon à améliorer leur gestion publique et à renforcer leurs entreprises. La concurrence exerce en effet une pression continue qui oblige à être au moins aussi bon que le meilleur du secteur. En offrant un champ commercial beaucoup plus large que le seul marché national, elle allait à la fois muscler les industries et unifier le continent, ce qui interdirait le retour de la guerre. La paix par l'économie, l'économie par la concurrence, c'est le projet du grand marché commun, détaillé dans le traité de Rome de 1957. Traité ambitieux qui pourtant, dans les premières années, prendra la poussière sur les étagères des juristes sans être vraiment appliqué.

Le véritable commencement du marché unique est curieusement lié à un produit du Dijonnais, la célèbre liqueur de cassis, qui permet de réaliser un apéritif inventé par le chanoine Kir. À la fin des années 1970, une société allemande avait souhaité importer la liqueur, et s'était vu opposer un refus de l'administration, au motif que la teneur minimale en alcool devait être de 25 degrés, en vertu l'une loi germanique ancestrale. L'importateur avait donc porté le dossier devant la Cour de justice européenne, en s'appuyant sur les principes du traité de Rome et arguant d'une entrave à la libre circulation des biens sur le continent. Argument validé par la Cour : un produit autorisé dans un des pays de la CEE devrait pouvoir être vendu et consommé chez les voisins, sauf dans certains cas bien spécifiques.

Le principe « Cassis de Dijon », fondamental, contenait en germe à la fois l'Acte unique, qui serait adopté quelques années plus tard, et le rôle principal qu'allait occuper la Commission dans la construction européenne : celui du gendarme, qui se voue à contraindre les États à réformer leurs pratiques pour éradiquer toute forme de protectionnisme et de nationalisme économique. Dès le début, la Commission se positionne comme l'autorité agissant contre les États au nom de principes supranationaux.

En 1987, l'Acte unique est adopté, et Jacques Delors, avec une intuition géniale, fixe une date butoir pour sa mise en œuvre, qui permet de le rendre concret et de faire converger les efforts de préparation dans les différents pays. Le 1er janvier 1993, le marché unique devra être réalisé. Il le sera en partie, ouvrant la voie à la Commission pour poursuivre et amplifier sa croisade idéologique. Elle va produire des tombereaux de directives pour harmoniser, déréglementer ou au contraire réglementer selon les secteurs, privatiser. En outre, elle se dote, avec l'accord des gouvernements, de pouvoirs propres. En matière de concurrence, où elle traque les cartels et les abus de position dominante, à partir de 1989. En matière de commerce extérieur, où c'est elle qui gère les accords de l'Union avec les parties tierces. En matière agricole, où elle organise la production des États et soutient le revenu des paysans.

En trente ans, la Commission aura profondément changé l'économie du Continent. Avec deux principes cardinaux. La défense du consommateur tout d'abord, de façon à lui garantir les prix les plus bas pour tous les produits possibles. Et la disparition des frontières ensuite, vestiges du temps honni des nations. À la concurrence des nations devait succéder celles des entreprises, opérant sans frein sur un vaste territoire uniforme quant à ses règles, et supervisées par les fonctionnaires du haut du Berlaymont, le bâtiment qui abrite la Commission.

Nobles objectifs, qui convenaient aux temps calmes où nous n'avions pas d'ennemis. Et qui sont aujourd'hui complètement décalés. L'Europe accumule les contretemps.

Tout d'abord, dans la guerre des empires, la défense du consommateur est un détail sans plus d'intérêt que la couleur des chaussettes de soldats partant pour la bataille de Waterloo. Œuvrer pour faire baisser le prix des biens industriels en ouvrant les marchés à la concurrence internationale, c'était utile dans une économie mondialisée et sans risque géopolitique important – en réalité, il n'y avait pas mieux à faire à cette époque. Dans une économie fragmentée par les rivalités politiques entre les grands blocs, il faut au contraire sécuriser les approvisionnements, réorganiser les chaînes de valeurs avec des sous-traitants installés dans des pays amis, voire déménager la production à domicile, quel qu'en soit le prix pour le consommateur. Cela vaut pour tous les biens essentiels soumis à des tensions géopolitiques et sur lesquels nous avons complètement désarmé dans les trente dernières années : les principes actifs de médicaments, les semi-conducteurs, les terres rares et leur raffinage, les batteries électriques, etc. L'Europe, ses commissaires et ses fonctionnaires travaillent comme si la terre était toujours plate, permettant la commande et la livraison sans délai de quelque produit que ce soit, venant de n'importe quel endroit du monde… Ce n'est plus le cas. L'un des rares à avoir pris acte de ce changement du monde, c'est le commissaire français Thierry Breton qui, au moment du Covid, avait organisé la production et la distribution de vaccins sur une base commune, avec un seul objectif : l'Europe d'abord. Il a décliné cette méthode pour la production d'armements, les obus en particulier, qui manquent cruellement à l'Europe pour fournir l'Ukraine. Avant d'être poussé à la démission par la présidence von der Leyen et avec l'assentiment d'Emmanuel Macron.

Même naïveté persistante pour la gestion des frontières commerciales, dont témoigne le traité de libre-échange avec l'Amérique du Sud, le Mercosur. L'inspiration de cet accord est toujours la même : la concurrence et la protection du consommateur. L'Europe envisage donc d'ouvrir son marché agricole aux grands producteurs comme le Brésil et l'Argentine, dans l'espoir de faire baisser les prix et de leur vendre davantage en contrepartie sur d'autres secteurs. Au risque d'importer des produits qui n'auront pas les mêmes normes sanitaires, d'accélérer la déforestation, et de mettre en péril nos agriculteurs, les éleveurs en particulier. Le tout pour un gain de croissance espéré de… 0,1 % par an ! Et surtout, alors que l'ouverture des marchés est devenue une arme dans la confrontation entre les grandes puissances, dans des négociations (ou des chantages) qui dépassent largement les échanges économiques.

Trump est, de ce point de vue, un modèle. Il « vend » l'accès au marché américain contre des concessions économiques comme de l'investissement étranger aux États-Unis et stratégiques, comme l'accès aux réserves minières du partenaire. Ou tout simplement contre de l'argent, le taux de droits de douane minimal étant fixé à 10 %, pour renflouer les caisses de l'État fédéral américain désargenté. C'est plus malin. L'accès au « plus grand marché du monde », l'Union européenne, vaut davantage que la simple réciprocité dans les échanges. Cette philosophie pouvait prévaloir en temps de paix, ou face à des pays « sous-développés » que nous souhaitions aider. Désormais, il faut être plus durs. Nous n'avons plus les moyens d'être des benêts.

Et que dire de la gestion de l'immigration… La crise migratoire de 2015, déclenchée par l'ouverture sans précaution des frontières par l'Allemagne, a déstabilisé tout le continent. Certes, la faute initiale était celle d'Angela Merkel et de sa décision irréfléchie. Mais il a fallu dix ans pour élaborer un nouveau dispositif, le Pacte européen sur la migration et l'asile, qui laisse beaucoup à désirer quant à la sécurité des limites géographiques continentales. Et qui de surcroît enjoint aux États d'accepter un quota d'étrangers proportionnel à leur poids dans l'Union, en cas de crise et même sur une base régulière, 30 000 étrangers devant être répartis chaque année sur le territoire total, avec une amende de 20 000 euros par personne non acceptée pour les pays récalcitrants… Du délire. Incapable de sécuriser ses frontières extérieures, l'Europe prend acte de son échec pour en diffuser les conséquences regrettables sur tout le continent. Là non plus, elle ne veut pas sortir du piège dans lequel elle s'est enfermée : la libre circulation des personnes sur le territoire de l'Union. Une idée d'un autre temps, qui n'est plus adaptée à la pression migratoire actuelle. Elle est du reste régulièrement malmenée par les États membres, qui rétablissent les contrôles aux frontières nationales en cas de crise.

La politique industrielle n'est pas plus heureuse. Elle a longtemps été bannie comme une lubie française, en particulier par les Allemands. Ainsi, dans les années 1990 avait fleuri toute une littérature communautaire pour pointer l'échec de la « politique des champions nationaux », considérée alors comme du protectionnisme coupable. C'est au nom de ces principes qu'agit la direction de la concurrence, l'organisme anticartels de l'Union. Elle a par exemple interdit la fusion entre Alstom, le champion français du ferroviaire et des transports collectifs, avec son homologue allemand Siemens, en 2019. La fusion aurait permis de dégager, selon ses initiateurs, de précieuses économies d'échelle. Argument avancé par Bruxelles pour contrer ce projet : il n'y aurait plus eu de concurrence, en particulier sur le marché de la signalisation, ceux qui produisaient du matériel roulant et des infrastructures étant moins exposés. Peu de temps auparavant, les n° 1 et 2 chinois avaient fusionné, eux, pour constituer un leader mondial qu'Alstom retrouve aujourd'hui face à lui sur de nombreux contrats à l'export sans lesquels il ne peut vivre… Interdit en Europe, le regroupement des acteurs a été permis en Chine pour une raison évidente : cela favorisait les intérêts du pays.

De plus, le marché ferroviaire européen, comme tous les marchés publics, est ouvert à tous les concurrents de la planète, alors que le marché chinois est réservé aux industriels de l'empire du Milieu. Depuis cinq ans, malgré d'incontestables succès commerciaux, la valeur boursière d'Alstom a été divisée par deux. Ce n'est pas le cas pour Siemens, un groupe plus diversifié, dont le cours a pris 120 % sur la même période.

Certes, la doctrine européenne sur la politique industrielle a évolué depuis la crise épidémique et la guerre d'Ukraine, qui ont pointé la nécessité d'orienter l'investissement vers des secteurs stratégiques – les technologies de l'information et de la décarbonation en particulier. 750 milliards d'euros devaient être injectés dans des projets touchant notamment à l'industrie, la recherche et la formation, au lendemain des confinements – il s'agissait du plan de relance « Next Generation EU ». Quatre ans après le lancement du plan pourtant, seulement 41 % des fonds avaient été versés, et une moitié de cette partie dépensée… Retards, lourdeurs administratives des procédures, fraudes : le cortège habituel d'horreurs qui accompagne la distribution d'argent public a raboté ce plan pourtant salué lors de son adoption par les hyperboles du président de la République français, toujours prompt à qualifier d'« historique » le moindre souffle d'air. Quand l'Europe ne pèche pas par la conception, en s'accrochant à son idéologie du passé, elle se ramasse sur l'exécution.

Particularité révélatrice de l'Union, rien n'a été prévu pour rembourser les sommes empruntées dans le cadre de ce plan, dont les échéances commenceront à courir en 2028. Il faudra alors soit solliciter les États membres pour une contribution supplémentaire, soit lever de nouveaux impôts pour augmenter les ressources propres de la Commission. En un mot, l'Europe a fait du Macron le plus pur : de la dépense massive, dont les effets sont stérilisés par la bureaucratie et dont le financement n'est pas assuré. « L'intendance suivra ! »

Autre mal communautaire : l'excès de réglementation, dont il y a d'innombrables exemples. Arrêtons-nous sur l'un des plus emblématiques, les normes CSRD (Corporate Sustainability Reporting Directive). Des objectifs louables – améliorer le comportement des entreprises européennes en matière d'environnement et de responsabilité sociale – ont débouché sur une véritable cathédrale administrative, proprement inapplicable. D'abord parce que la complexité des obligations de reporting s'imposant aux entreprises renchérit les coûts. Dans la version initiale, il y avait plusieurs centaines de points à vérifier dans les déclarations annuelles. De quoi occuper à plein temps deux personnes pour une PME de bonne taille, selon un responsable patronal français. À cela s'ajoutaient des obligations sectorielles innombrables.

Ensuite parce que, toujours à cause du nouveau contexte international, il y a quelque chose de mortifère à s'imposer de nouvelles obligations alors que nos concurrents ne sont pas si exigeants avec eux-mêmes, quand ils ne partent pas carrément dans l'autre direction. Dès son arrivée à la Maison-Blanche, Donald Trump a supprimé bon nombre d'obligations environnementales et révoqué une législation qui proscrivait la corruption… Il ne s'agit pas d'en tirer argument pour suivre cette voie avilissante, mais tout simplement pour être réaliste en limitant le champ de la directive.

Sur cette affaire, une forme de réalisme a fini par prévaloir. Avant même d'être appliquée intégralement, la directive CSRD devrait être sensiblement amendée par le projet dit « Omnibus » de la Commission, qui vise la simplification. La charge du reporting n'incomberait qu'aux entreprises de plus de 1 000 salariés, c'est-à-dire 20 % du périmètre initialement envisagé. Mais les PME sous-traitantes d'un grand groupe pourraient être impactées indirectement, puisque celui-ci aura l'obligation de contrôler sa chaîne d'approvisionnement. Idem pour sa petite sœur, la CS3D, qui imposait un « devoir de vigilance aux entreprises ». Celles-ci doivent par exemple, aux termes de cette législation, évaluer les incidences « négatives, réelles ou potentielles » de leur activité sur la « durabilité », ainsi que les mesures prises pour les évaluer, surveiller, prévenir, atténuer ou corriger… Comprenne qui pourra.

Il y a ici l'archétype de la réglementation européenne : de bonnes intentions initiales – responsabiliser les entreprises sur leurs achats et leur sous-traitance – qui se traduisent, après le méticuleux travail des fonctionnaires et des parlementaires européens, par des procédures complexes et coûteuses.

Autre exemple de régulation contestable : le tarif de l'énergie. La fixation des prix de l'énergie sur le marché européen est déterminée par un mécanisme à la fois simple et vicieux : le coût du kilowatt est toujours, à un instant donné, celui du dernier moyen de production utilisé à date, par définition le plus coûteux. Autrement dit, en période de pointe de consommation d'électricité, le prix de marché est celui de la production d'une centrale à gaz, celle qu'on démarre lorsqu'il est nécessaire de compléter l'activité des moyens moins souples (le nucléaire) ou intermittents (l'éolien et le solaire). Il s'agissait de donner une incitation à produire en période de tension, pour éviter les ruptures dans l'alimentation du réseau. Un système qui a littéralement déjanté après l'invasion de l'Ukraine, lorsque le prix du gaz a explosé et a entraîné dans sa hausse celui des électrons. Conséquences, des fortunes colossales ont été faites par certains producteurs ou négociants d'électricité à cette époque, car leurs coûts réels étaient bien inférieurs à ceux du marché. Et cela alors que les gouvernements subventionnaient les tarifs afin qu'ils restent acceptables pour le consommateur… Un chef-d'œuvre d'absurdité.

Trois ans après l'invasion de l'Ukraine, l'Europe est toujours bloquée sur la réforme de ce marché de l'électricité, incapable de trouver un accord entre les pays membres. Le prix de l'électricité est chez nous deux à trois fois plus élevé qu'aux États-Unis, celui du gaz, quatre à cinq fois. Des surcoûts qui ont provoqué un exode des usines hors d'Europe, vers l'Amérique et la Chine en particulier. C'est l'Allemagne qui a été le plus touchée par cette puissante de vague de désindustrialisation, après le déclenchement de l'invasion de l'Ukraine, alors qu'elle en avait été relativement protégée jusqu'à 2022.

Il faut donc admettre que le flot de directives produites par la Commission depuis trente ans pour déréglementer le marché de l'énergie dans l'espoir de faire baisser les tarifs pour le consommateur a débouché sur un échec retentissant. Jamais l'énergie n'a été aussi chère en Europe, jamais l'Europe n'a été aussi dépendante de l'étranger pour ses approvisionnements. À l'origine de cet échec, il y a toujours la même illusion, l'idée selon laquelle le marché peut résoudre tous les problèmes d'approvisionnement.

La Commission est même allée plus loin dans l'erreur, en échafaudant un système de normes intitulé « Taxonomie ». Il s'agit d'une liste d'activités et de technologies, classées en fonction de leur impact sur l'environnement. L'objectif de ce classement était d'indiquer aux grands investisseurs les secteurs « propres », dans lesquels ils pouvaient mettre leur argent sans crainte d'abîmer la planète ou d'aggraver le changement climatique. Avec des conséquences financières importantes pour les activités mal classées car, faute d'investisseurs motivés pour leur prêter, ces secteurs subissent des taux d'intérêt plus élevés que les autres.

Pendant des années, une sauvage bataille de lobbying s'est livrée auprès de la Commission, où chaque secteur tentait de se faire inscrire dans le haut du tableau, en jouant de son importance économique ou en faisant valoir des études scientifiques. Malgré les efforts de la France, le secteur du nucléaire s'est ainsi vu exclure de la catégorie « investissements verts ». À cause de l'action sans relâche des environnementalistes et, de façon moins ouverte mais au moins aussi efficace, de celle de l'Allemagne. Berlin a en effet proscrit le nucléaire à la suite de l'accident de Fukushima, en mars 2011, et ses industriels redoutaient la concurrence de Français alimentés par une source d'électricité fiable et bon marché. Il a fallu des années de contre-lobbying énergique de Paris, qui a constitué une sorte d'alliance nucléaire avec les pays qui restaient utilisateurs de centrales, pour parvenir à faire revenir l'atome dans la bonne catégorie… Certes, le nucléaire n'est pas une technologie propre – il produit des déchets très longtemps radioactifs, dont l'entreposage reste problématique. Mais face au danger climatique, il a l'avantage de ne pas émettre de carbone. Et il possède, comparé aux énergies intermittentes que sont le solaire et l'éolien, l'avantage d'être pilotable, et donc disponible quand l'opérateur le souhaite. Le paradoxe, c'est que l'Allemagne, fréquemment en déficit d'électricité, est devenue l'un des plus gros clients des centrales nucléaires d'EDF, après avoir démantelé les centrales chez elles… Que faut-il incriminer dans cette affaire, heureusement bien terminée pour la France ? Le dogmatisme de la

Commission, sans doute, qui aurait dû hiérarchiser les priorités – le climat d'abord – plutôt que d'adopter une attitude extrémiste. Et sa perméabilité face aux lobbys, qui explique souvent des décisions absurdes.

16

L'automobile, une panne exemplaire

Bureaucratique, dogmatique, arc-boutée sur une vision du monde qui ne correspond plus à la réalité géopolitique, l'Europe est encore incapable de concevoir une politique industrielle. Jamais cette incapacité n'a été plus visible – et plus inquiétante – que dans le dossier de l'automobile. Il faut le rappeler, l'une des décisions les plus importantes de l'histoire de la Commission – interdire la vente de voitures thermiques neuves à partir de 2035 – a été prise, sinon sur un coup de tête, du moins sous l'empire d'une forte émotion. Peu de temps auparavant éclatait en effet le scandale du « dieselgate ». À l'automne 2015, on découvrait que Volkswagen, le plus grand constructeur automobile du continent, avait délibérément truqué les procédures d'homologation de ses véhicules neufs, lesquelles doivent quantifier les rejets des moteurs, de façon à informer le consommateur sur le niveau de pollution que sa voiture provoque. Cette fraude concernait en particulier les véhicules diesel et leurs émissions d'oxyde d'azote, sensiblement sous-évaluées dans la communication commerciale des industriels. Le scandale était d'autant plus vif qu'il s'est étendu à de nombreux constructeurs, pratiquant les mêmes méthodes trompeuses.

L'affaire coûtera plusieurs dizaines de milliards d'euros à Volkswagen. Et elle provoquera aussi un retournement de l'opinion publique contre la voiture et ses fabricants, accusés d'être des empoisonneurs. Plusieurs villes, Paris notamment, décideront d'interdire à terme la circulation des véhicules diesel. Les régions s'y mettront aussi, avec l'Île-de-France qui décide alors de les bannir pour 2030. Ce climat intervient alors que la Commission bâtit sa stratégie pour faire disparaître les émissions carbone du continent. « L'exécutif européen est en train de devenir complètement autophobe », confie alors Carlos Tavares, le patron de Peugeot-Citroën devenu plus tard Stellantis, à l'auteur de ces lignes. À la décharge de Bruxelles, c'est aussi l'époque où l'opinion publique européenne perçoit les premiers effets spectaculaires du changement climatique sur son sol, avec la multiplication des événements extrêmes comme les inondations et les sécheresses.

Pourquoi l'attention se porte-t-elle à ce point sur le véhicule électrique ? À l'époque, Renault est précurseur en Europe, avec sa petite Zoe, qui ne décolle pas vraiment. Les autres constructeurs ne vendent au mieux que quelques milliers de véhicules de ce type. En France, c'est la Poste et les administrations qui les achètent. Peugeot-Citroën en vend par exemple 6 000 en 2016, sur un marché de 2 millions annuels de véhicules neufs… La technologie n'est pas au point, les batteries sont médiocres. Cécile Duflot, écologiste et ministre de l'Environnement, explique ainsi que lorsqu'elle se rend en banlieue parisienne avec sa voiture électrique, elle évite de brancher son téléphone sur l'allume-cigares afin de préserver suffisamment d'autonomie pour faire le voyage du retour…

Les autorités européennes, après de nombreuses réunions avec les constructeurs, prennent une décision radicale : interdiction des moteurs thermiques à la vente à partir de 2035. Décision confirmée au début des années 2020 par le parlement de Strasbourg, puis déclinée dans les différents États membres. Décision radicale car, en proscrivant la combustion quel que soit le carburant, elle impose, de facto, le moteur électrique, qui va devenir la norme en Europe. Seule la Norvège (hors Union européenne) avait jusqu'ici parié sur l'électrique, pour neutraliser en partie l'exploitation massive d'hydrocarbures qu'elle effectue en mer du Nord.

Lorsque le couperet tombe, les constructeurs disposent d'une douzaine d'années pour se préparer. Cela semble beaucoup, certains écologistes y voient même une victoire du lobby automobile, qui aurait réussi à repousser une échéance pourtant salutaire. Il n'en est rien. L'automobile est l'industrie clé pour plusieurs pays européens, l'Allemagne, la France, l'Italie, la Slovaquie… Et elle pèse 7 à 10 % du PIB selon les pays. Si la durée de conception d'un nouveau modèle est de 5 à 7 ans, c'est ici toute l'industrie qu'il faut reconstruire autour d'une technologie nouvelle – l'affaire d'une génération, au moins. Et de plusieurs centaines de milliards d'euros d'investissement pour le Continent, pour la seule filière industrielle, sans compter les infrastructures de chargement.

Très vite, c'est l'hécatombe chez les sous-traitants, ceux qui fabriquent les pièces du moteur thermique.

On ferme des usines, on supprime des emplois. Car le moteur électrique est très rudimentaire par rapport à son homologue à carburation, une technologie pour laquelle les Européens avaient acquis, au fil du XXe siècle, une expertise sans égale. Il contient 40 % de pièces de moins qu'un électrique. Pour celui-ci, le cœur, c'est la batterie, qui compte pour près de la moitié du coût. Or, en Europe, point de batteries : les 90 % de la production mondiale proviennent d'Asie, de Chine en particulier. Les Chinois avaient parié sur la voiture électrique bien avant nous, et ils ont acquis patiemment le savoir-faire. L'industrialisation de cellules de batteries est un processus complexe, où les rebuts sont énormes durant les premières années. En résumé, la décision de Bruxelles fait disparaître la barrière à l'entrée que les Européens avaient construite grâce à leur expérience en matière de carburation, et donne aux Chinois les moyens de profiter de celle qu'ils avaient édifiée sur les batteries. C'est ce qui s'appelle jouer magistralement contre son camp.

L'Europe multiplie alors les projets de « gigafactories » pour fabriquer cet élément clé, à coups de milliards d'euros de subventions publiques. C'est le moment où naît le programme d'investissement « Next Generation EU ». On en profite allègrement pour sortir le chéquier. Quelques années plus tard, ce sera partout la même déception : la fiabilité du processus de fabrication est médiocre, et la demande n'est pas suffisante. Northvolt, filiale de Volkswagen, pionnier, se déclare en faillite début 2025, après avoir consommé 15 milliards d'investissements… Automotive Cells Company (ACC), filiale de TotalEnergies et de Stellantis, accumule les difficultés, et revoit ses plans à la baisse. Les batteries made in Europe ne sont pas du tout compétitives par rapport à celles que fabriquent les Chinois. La seule solution consisterait à exiger des Chinois des transferts de technologie lorsqu'ils investissent chez nous, de façon qu'ils nous apprennent… Incroyable retournement de l'histoire, qui nous fait passer du côté du demandeur, alors que c'étaient eux qui sollicitaient cette faveur de notre part, il y a quarante ans, sur le nucléaire, la téléphonie ou l'aéronautique… Quand bien même nous saurions faire des batteries avec un taux de chute acceptable, nous resterions dépendants pour certains composants comme les minéraux dits rares, indispensables ingrédients, pour lesquels les Chinois disposent d'un quasi-monopole, à la fois pour le matériau brut et pour les capacités de raffinage.

Le véhicule électrique imaginé par la Commission était l'instrument de la mobilité libre et affranchie du carbone. En réalité, il nous précipite dans le piège chinois. Alors même que nous tentons de rattraper notre retard, nos concurrents d'Extrême-Orient sont déjà beaucoup plus loin. Au printemps 2025, BYD, l'un des principaux constructeurs chinois et le n° 1 mondial du véhicule électrique devant Tesla, annonçait un nouveau système de batterie permettant de charger 470 kilomètres en cinq minutes, soit l'énergie pour rouler un kilomètre en deux secondes seulement…

Chez nous, les premières gammes électriques sont arrivées aux alentours de 2020, avant de s'étoffer en 2022-2023. Avec, là encore, leur lot de déceptions. Chez Volkswagen, la première gamme I.D. est une catastrophe technologique et commerciale. L'I.D. 4 voit ses portières s'ouvrir dans les virages, et les poignées laissent passer l'eau lorsqu'il pleut. Le système électronique est tellement complexe qu'il nécessite un câblage aussi touffu que celui d'un cockpit d'avion, selon un équipementier. La voiture ne se vendra guère, sinon avec un rabais de 30 %. D'autres sont plus heureux, comme Renault, Stellantis et bien sûr Tesla, avant que son patron fondateur n'abîme sa marque avec ses preuves de soutien répétées à l'extrême-droite. Les consommateurs semblent embrayer un temps, sous l'effet des bonus auto et autres subventions gouvernementales. Au moins pour les « early users », ceux à qui leurs revenus le permettent.

Très vite pourtant, les chiffres de vente retombent. Une perte d'appétit du consommateur qui contamine l'ensemble du marché automobile. En France, sur les cinq premiers mois de 2025, 673 000 voitures neuves ont été achetées par les particuliers. En 2019, c'étaient 935 000 véhicules sur la même période… Une chute de 28 %, que l'on retrouve peu ou prou dans tous les pays européens.

Plusieurs phénomènes ont refroidi l'ardeur des amateurs de voitures. D'abord l'incertitude sur la technologie à adopter. Lorsqu'on achète un véhicule neuf, c'est pour plusieurs années. Or, le thermique est condamné à moyen terme, et pour autant, aujourd'hui, l'électrique ne livre pas toutes ses promesses. À cause de la médiocre couverture du réseau de bornes de recharge, qui fait craindre à tout voyageur de tomber en rade faute de pouvoir faire le plein d'électrons, particulièrement en zone rurale. Certains acheteurs se rabattent sur l'hybride, qui combine batterie et carburation, rechargeable ou non. Les autres remettent leur achat à plus tard, dans l'espoir que d'ici quelques années, la capacité des batteries aura fait un bond qui atténue leur angoisse.

Ils sont d'autant plus enclins à le faire que, sur les dernières années, le prix des véhicules neufs a littéralement explosé : + 28 %, selon l'Institut Mobilité en transition, passant de 28 000 à 35 000 euros en moyenne entre 2020 et 2024. En cause, les investissements pour électrifier les gammes, bien sûr, mais aussi l'envolée des coûts des matières premières au sortir du confinement, et au moins autant la stratégie des constructeurs eux-mêmes, qui ont concentré leurs développements sur les modèles du haut de la gamme, plus rentables. Les profits des constructeurs automobiles européens ont d'ailleurs été très élevés en 2023, Stellantis affichant l'un des records des grandes entreprises françaises.

Conséquence de la chute des ventes : l'âge moyen du parc automobile circulant en France atteint douze ans début 2025. Un âge qui progresse désormais de trois mois par an. En clair, nous sommes de plus en plus nombreux à rouler avec de vieilles guimbardes, qui ne sont pas les moins polluantes. Alors que la décision initiale de la Commission était motivée justement par la nécessité d'émettre moins de carbone !

Les grands gagnants de l'opération sont évidemment les constructeurs chinois, les BYD, Geely, SAIC et MG, qui ont débarqué en Europe avec des véhicules d'excellente qualité – ils y travaillent depuis vingt ans – et à prix nettement inférieurs à ceux des Européens. La guerre commerciale sans merci à laquelle ils se livrent sur leur marché d'origine va renforcer les survivants. Déjà, les plus performants ont réduit de moitié la durée de développement d'un nouveau modèle, à vingt mois… Les Chinois possèdent aujourd'hui entre 5 et 10 % du marché de l'électrique, selon les pays. Ces chiffres peuvent sembler modestes. Ils ne le sont pas, car les Chinois captent en réalité le peu de croissance du marché. Chez nos constructeurs européens, la situation est moins drôle. Après la flambée des profits de 2022-2023, les restructurations se profilent, à cause de la baisse de la demande. Selon le cabinet AlixPartners, les capacités de production, c'est-à-dire les usines, sont utilisées à 55 %. En France, ce taux est passé de 74 % en 2017 à 51 % : cela ne peut pas durer, il va immanquablement y avoir des fermetures d'usines. Du côté des équipementiers, les sous-traitants des constructeurs, la bérézina continue : entre 2022 et 2024, les investisseurs américains et asiatiques auraient racheté pour 13 milliards de dollars d'actifs en Europe, soit des départements de grands groupes qui se restructurent, soit des PME essorées par le manque de croissance, toujours selon AlixPartners.

Le comble de l'absurde a été atteint avec l'instauration des normes CAFE, « Corporate Average Fuel Economy », également promulguées par Bruxelles. Il s'agit d'un échéancier qui enjoint aux constructeurs automobiles de diminuer chaque année les émissions de carbone moyennes par véhicule vendu. Pour chaque millésime, un nombre maximum de grammes de CO_2 autorisés est défini par voiture neuve vendue, ce nombre étant abaissé progressivement au fil des années, pour atteindre zéro en 2035. Au-delà du seuil autorisé, les constructeurs se voient frappés d'une lourde amende, proportionnelle à leur dépassement.

Sur l'année 2025, selon les calculs de l'association des constructeurs européens, la norme retenue menaçait de déclencher 15 milliards d'amendes au total pour les fabricants d'automobile… Pour éviter de payer les amendes, les industriels contrevenants avaient la possibilité d'acheter des crédits carbone à leurs concurrents qui se trouvaient en dessous du seuil, parce qu'ils ne vendent que des électriques : Tesla bien sûr et… les Chinois ! Autrement dit, non seulement les Chinois profitent de l'ouverture du marché européen et de la transition vers l'électrique, mais ils peuvent se faire du beurre supplémentaire en vendant leurs crédits carbone aux Européens. Ils profitent ainsi deux fois de leur avantage compétitif, au détriment de nos industriels : du délire. Fort heureusement, in extremis à la fin 2024, les quotas carbone ont été mutualisés sur trois ans, ce qui repousse l'échéance, sans la faire disparaître.

On mesure ici le dogmatisme – et la bêtise – de la décision prise dans l'émotion du scandale « dieselgate » et des premiers dégâts du changement climatique en Europe. La Commission s'est ruée sur l'électrique, avec un calendrier tendu. Les conséquences économiques de cette décision irréfléchie sont déjà visibles : la filière industrielle reine de l'Europe se trouve affaiblie, et soumise à la concurrence d'industriels chinois qui se préparent depuis vingt ans et profitent de subventions publiques considérables, sous la forme de prix de l'énergie bonifié et de prêts avantageux.

Si au moins ce sacrifice avait la vertu de nous transporter dans un monde sans carbone, il ne serait pas inutile. Mais ce n'est même pas la vérité. D'abord parce que l'électricité elle-même n'est pas décarbonée dans tous les pays. Le 22 juin dernier par exemple, c'était le cas en France, où l'électricité était à 99 % du bas carbone, principalement du nucléaire, pour 60 %. En revanche, les électrons en Italie du Nord n'étaient propres qu'à 77 %, le reste provenant du gaz. Et encore ce jour-là était-il particulièrement ensoleillé, ce qui explique la part prévalente du solaire. Quant à la Pologne, elle n'était qu'à 54 % de bas carbone, pour la quasi-totalité du solaire, là encore grâce aux conditions météo exceptionnelles. Le reste provenait du gaz et surtout du charbon, le pire… La Chine, championne de la voiture électrique, n'avait ce jour-là un courant décarboné qu'au tiers, le reste provenant très largement du charbon. Autrement dit, une voiture électrique, en roulant à Shanghai ou à Varsovie, produit à peu près la même quantité de carbone que si elle était à essence !

Certes, le contenu en carbone du courant va diminuer au fil des années qui viennent, au vu des investissements considérables faits dans la transition des moyens de production de l'électricité. Mais pourquoi alors la Commission a-t-elle imposé à l'Europe un calendrier mortifère pour le basculement de la technologie de propulsion des véhicules ?

Plus grave, la fabrication d'une voiture électrique nécessite bien davantage d'énergie, donc de carbone, que celle d'un véhicule thermique, à cause de la production de la batterie, très énergivore. Quand bien même une voiture s'alimente en électricité décarbonée, elle possède donc ce que les spécialistes appellent une « dette carbone ». Il s'agit du différentiel d'émissions polluantes que sa fabrication a occasionné. Selon l'ADEME, l'agence publique française chargée des économies d'énergie, pour un petit véhicule, avec une batterie de puissance inférieure à 60 kilowatts, la dette carbone est de 15 000 kilomètres. Autrement dit, ce véhicule doit rouler 15 000 kilomètres à l'électricité décarbonée pour « éponger » sa dette, c'est-à-dire la pollution liée à sa fabrication. Cela représente entre un an et un an et demi d'utilisation moyenne, selon les conducteurs, pendant lesquels le bilan carbone total du véhicule est plus mauvais que celui d'un moteur à essence. Mais pour un gros véhicule électrique type SUV, la dette carbone peut atteindre 100 000 kilomètres, soit 7 à 10 ans d'utilisation. À peu près la durée de vie de la voiture ! Autrement dit, les grosses voitures électriques émettent en réalité au moins autant de carbone que leurs homologues thermiques. Car la technologie électrique ne supprime pas les émissions polluantes, elle les déplace, en les déclenchant sur le lieu de fabrication.

L'électrification est donc loin d'être idéale. Ce qui rend d'autant plus absurdes les sacrifices économiques qu'elle a imposés. Sans même parler des inconvénients pour l'utilisateur. Le confort de conduite est certes amélioré. Mais pas celui du voyage car, en cas de long trajet, le conducteur doit garder l'œil rivé sur son compteur de kilomètres et les cartes des réseaux de recharge. Quant au confort du portefeuille, inutile de dire qu'il est mis à l'épreuve.

Face à tous ces inconvénients, les consommateurs ont voté avec leurs pieds, ou plutôt avec leurs roues : ils achètent désormais plutôt des véhicules hybrides, qui permettent de réduire la consommation de carburant sans être étreint par l'angoisse de la recharge en cas de long trajet. C'est la voie de la raison, que la Commission aurait dû emprunter elle-même, dès le début. Celle d'une transition progressive, qui aurait laissé au marché le choix de la meilleure technologie pour faire baisser les émissions totales. Si l'on avait poursuivi les recherches sur l'amélioration de la motorisation thermique, pour descendre jusqu'à trois, pourquoi pas deux litres aux cent kilomètres, notre bilan global ne serait-il pas aussi bon qu'avec une petite partie du parc passant à l'électrique, le reste étant constitué de vieux véhicules polluants et voraces en carburant ? Nous n'aurions pas déstabilisé toute la filière.

Cette stratégie européenne de décarbonation est illustrative de l'aveuglement, et du Parlement, et de la Commission, indifférents aux contraintes industrielles et aux habitudes de consommation. Fort heureusement, une « clause de revoyure » est prévue en 2026. Elle pourrait entériner, non pas le report de l'échéance de 2035, mais la « neutralité technologique ». En clair, il s'agirait de laisser le choix du mode de propulsion aux industriels – électrique, nouveaux carburants, hybrides nouvelles génération – pourvu que les véhicules neufs respectent les normes d'émissions basses sur toute leur vie, fabrication comprise. Enfin du bon sens. Il aura fallu dix ans pour y arriver.

Le désastre de la politique industrielle révèle le vrai problème européen, au-delà de notre déclin économique et démographique relatif : la Commission européenne, pièce centrale dans l'édifice, joue contre les États eux-mêmes et leurs intérêts. Parce qu'elle est inspirée par des principes abstraits, l'intérêt du consommateur, la lutte contre le changement climatique, auxquels elle veut conformer les pays membres. Elle n'a donc de cesse de réglementer, d'enquêter, de distribuer réprimandes et pénalités aux contrevenants. Elle n'a pas changé ses priorités, se prévalant des traités fondateurs, alors que l'environnement géopolitique s'est durci. Dans le monde relativement paisible d'hier, celui de la Grande Parenthèse, cette attitude de garde-chiourme était nécessaire, sans doute même utile. Alors que la confrontation entre les grandes puissances gagne en intensité, elle nous affaiblit. Pour les capitales comme Paris ou Berlin, il faut faire face non seulement aux États-Unis et à la Chine, mais à Bruxelles. Et ferrailler simultanément avec la nouvelle administration américaine, la concurrence chinoise et les fonctionnaires du Berlaymont. C'est beaucoup ? C'est trop.

Les États membres ne se saisissent pas du pouvoir politique dont ils disposent pour infléchir cette course mortifère. Ils se contentent de pousser tel ou tel candidat à tel poste de Commissaire, dans l'espoir absurde de faire prévaloir leurs vues sur tel dossier. La désignation de la dernière Commission a bien montré les limites de cette stratégie, avec la reconduction d'Ursula von der Leyen à la tête d'un collège qu'elle a largement composé elle-même, jouant des antagonismes entre les capitales.

Tant et si bien que la seule force capable de contrer l'exécutif européen s'exprime sur les terrains politiques nationaux : c'est la montée des populismes, de l'extrême droite en particulier. À la fois lors des élections européennes et nationales, législatives ou présidentielles, où ces partis se présentent devant les électeurs avec des programmes largement antieuropéens. Comme toujours, ce sont l'Italie et la France qui ont été les précurseurs de ce mouvement. Puis la Scandinavie et les Pays-Bas ont suivi, et l'Allemagne, surtout après l'ouverture des frontières aux immigrés par Angela Merkel, en 2015. L'Europe du Sud a emboîté le pas, l'Espagne d'abord, puis le Portugal récemment. Quant à l'Europe orientale, elle a installé les populistes au pouvoir, en Hongrie, en Pologne, en Slovaquie, peut-être bientôt en République tchèque, alors qu'il s'en est fallu de peu cette année en Roumanie.

La résurgence de l'extrême droite s'est accompagnée d'une mutation idéologique de ce courant politique. L'antisémitisme traditionnel s'est en apparence estompé, au profit d'un combat contre la « colonisation » des étrangers, les musulmans en particulier. Sur le plan économique, il existe de nombreuses variétés différentes de la souche, du libéralisme de Georgia Meloni, la présidente du Conseil italien, à l'étatisme socialisant de Marine Le Pen. Idem sur le plan des valeurs et des questions de société, du conservatisme antigay du Hongrois Viktor Orbán à l'ouverture du Rassemblement national. Mais il existe un socle commun construit sur deux thèmes, la lutte contre l'immigration avec le retour des frontières nationales, et le rejet des contraintes que la transition écologique impose. Dans les deux cas, ce sont bien sûr Bruxelles, son idéologie et ses politiques qui sont visées. L'un des thèmes qui rassemble aujourd'hui les Européens, paradoxe, c'est le rejet de l'Europe telle qu'elle fonctionne aujourd'hui.

Ces forces, quelque grimaçantes et inquiétantes qu'elles soient, sont utiles. Parce qu'elles rappellent leur échec aux partis traditionnels, tous proeuropéens par atavisme irréfléchi, en menaçant leurs positions au gouvernement. Indirectement, elles ont forcé la Commission à revoir ses plans et son calendrier, pour le Pacte vert et son application à l'agriculture, pour les directives mentionnées plus haut enjoignant aux entreprises de se saisir de leur responsabilité sociale. Car les gouvernements, craignant de perdre les élections au profit des populistes, ont exercé une forte pression pour simplifier cet écheveau de contraintes nouvelles. L'opération, une première, a désinhibé d'autres groupes d'intérêt, qui n'hésitent plus à donner de la voix pour demander des aménagements. Le secteur de l'automobile, qui a obtenu le report des obligations CAFE. Début juillet, c'est le secteur des nouvelles technologies, avec les Français Mistral et Dassault Systèmes, l'Allemand Mercedes, le Néerlandais ASML, qui demandaient le report de deux ans d'une nouvelle réglementation de deux cents pages sur l'intelligence artificielle.

L'Europe se trouve donc face à deux scénarios. Soit la réforme vigoureuse, avec l'abandon de nombreuses prérogatives communautaires qui sont improductives voire nuisibles, le changement de logiciel pour faire passer sécurité, protection et souveraineté avant toute autre considération, et le reformatage des politiques communes sur quelques actions essentielles. Soit la poursuite de la trajectoire actuelle, sur laquelle Commission et Parlement courent comme des canards sans tête, qui débouchera forcément sur un nouvel « exit », avec les lourdes conséquences politiques et économiques qu'il pourrait entraîner. L'Europe pourrait alors ressembler à ce qu'avait imaginé Michael

Beckley il y a quelques années[1]. D'ici à trente ans, pronostiquait l'essayiste en 2020, le nombre de travailleurs dans nos pays aura diminué de 12 %, ce qui interdira une croissance économique soutenue. Dans le même temps, la population âgée progressera de moitié, et ses dépenses de santé doubleront relativement au PIB, ce qui aggravera les désordres budgétaires. Les progrès formidables de l'automatisation pèseront sur l'emploi et sur les salaires, comme ils l'ont toujours fait dans la première phase de leur apparition, tandis que les bénéfices seront captés par un tout petit nombre d'individus. Croissance lente, dettes insupportables, montée des inégalités, chômage chronique et stagnation des salaires déboucheraient alors sur le nationalisme et l'extrémisme. Pas vraiment réjouissant.

17

Les crises françaises

La plupart des pays en crise ont subi un choc extérieur, le retrait brutal des capitaux internationaux par exemple, un désastre climatique ou une guerre. Pour la France, il n'en est rien : la double crise que nous connaissons, politique et budgétaire, a été intégralement auto-infligée. Rien, dans les circonstances extérieures, n'explique l'affaissement de notre pays par rapport à ses voisins. Il n'y a guère que nos choix collectifs et les décisions prises par nos gouvernants qui l'expliquent. On ne sait trop d'ailleurs s'il faut y voir un motif d'optimisme – il ne dépend que de nous de remédier à nos problèmes – ou de pessimisme – décidément, nous et nos dirigeants sommes irrécupérables.

Commençons par la politique. Le pays est paralysé et sans perspective autre que d'attendre l'élection présidentielle. Avec l'espoir, incertain, que le départ d'Emmanuel Macron débouchera sur un exécutif conscient des défis et disposant d'une majorité suffisante pour gouverner. À l'origine de cette paralysie, il y a bien sûr le caprice présidentiel de la dissolution de l'Assemblée, en juin 2024. On en connaît la fragile justification : le pays était bloqué de toute façon, il fallait donc une « clarification », pour reprendre les termes qu'utilisait alors Emmanuel Macron. Un argument qui n'a pas grand sens. La dissolution aurait pu être comprise si elle avait été la conséquence d'un blocage et d'une paralysie manifestes. Alors qu'elle a été vue au contraire comme le déclencheur de l'immobilisme. Les billevesées sur le nécessaire apprentissage du compromis politique par la France, pratiqué par les autres démocraties européennes, ont été tout aussi vaines pour parer de nobles atours une décision irréfléchie. Dix-huit mois plus tard, la démocratie politique est toujours suspendue, et la démocratie sociale n'a pas pu venir à son secours, comme en témoigne l'échec des syndicats et patronats lors du « conclave » sur les retraites. Nous voici suspendus aux motions de censure et aux calculs des partis. Non seulement la dissolution n'a pas amélioré les pratiques politiques françaises, mais elle les a au contraire détériorées, en nous renvoyant à la IVe République.

Et pendant ce temps-là, l'autre crise, budgétaire, gagne en puissance. Nul besoin de multiplier les chiffres pour pointer l'impéritie financière française : entre 2019 et 2023, lorsque se sont succédé les crises sanitaire et énergétique, la dette des pays de la zone euro a augmenté de 4 points du PIB, quand la nôtre progressait de 12 points de PIB. Trois fois plus de dépenses que les autres, soit près de 250 milliards d'euros supplémentaires. Là encore, il y a le facteur « F » comme France, qui seul explique notre dérive – ou faut-il dire plutôt « M » comme Macron ? Le dernier rapport de la Cour des comptes, publié en juillet 2025, pointe sans ménagement le risque d'emballement, en particulier à cause de la croissance des dépenses de santé et des collectivités locales.

La comparaison des trajectoires d'endettement des pays de la zone euro est éclairante. En cas de crise, toutes les dettes s'emballent. Et lorsque la crise se calme, toutes les dettes baissent, sauf celle de la France. Ce n'est pas dans les difficultés que nous dépensons davantage, mais quand il n'y en a plus. Alors que les pays naguère moqués comme le « Club Med », la Grèce, l'Espagne, le Portugal, ont réalisé de remarquables assainissements depuis quelques années. Pour être juste, il faut dire que le décrochage est antérieur à l'élection du président actuel. Il date de 2008, selon l'économiste Patrick Artus. Emmanuel Macron n'a été que le continuateur de nos travers, qu'il a aggravés.

Qu'a-t-on fait de cet argent ? Le pays en a-t-il retiré quelque bénéfice sur le plan de l'activité ou de la préparation de l'avenir ? Quelques chiffres simples donnent la réponse. En matière de croissance, le PIB de la France a progressé de 8,2 % entre 2018 et 2024. Sur la même période, la zone euro est à + 8,3 %. Quasiment la même performance. Quant à notre taux de chômage, il a baissé de 1,4 point entre 2017 et 2025, alors que la zone euro perdait 1,8 point, davantage que nous, pour arriver bien plus bas que le nôtre. Il n'y a donc pas eu de miracle. Quant à la réindustrialisation annoncée, il faut de puissantes lunettes grossissantes pour l'observer. L'emploi industriel a en effet interrompu sa chute, il s'est stabilisé à faible niveau.

Il y a bien des budgets qui ont augmenté, celui de la Défense par exemple, ou les crédits affectés à l'hôpital après les négociations du « Ségur de la santé ». Pour le reste, l'argent emprunté et dépensé a été largement redistribué aux Français, sous forme de prestations sociales, de politiques sectorielles et d'aides innombrables. Selon les calculs du *Figaro*, le déficit apporte aux Français l'équivalent d'un mois de revenu moyen supplémentaire, soit plus de 3 000 euros[1]. Une sorte de treizième mois, financé à crédit. Mais pourquoi ce surplus de revenus n'a-t-il pas augmenté l'activité française, identique à celle d'une zone euro qui n'a pas eu ces libéralités budgétaires avec ses citoyens ?

D'abord parce que les Français, effrayés par les perpétuels débats sur la hausse des impôts, épargnent de plus en plus. En 2017, les ménages mettaient de côté 14 % de leur revenu, c'est aujourd'hui plus de 18 %. Près de 80 milliards d'euros par an sont ainsi stérilisés. C'est ce que les économistes appellent l'équivalence ricardienne, du nom de l'économiste David Ricardo : les ménages compensent spontanément le creusement du déficit en épargnant davantage, parce qu'ils redoutent l'inéluctable coup de marteau fiscal. Le pire, c'est que ces milliards épargnés n'ont guère d'effet sur le financement des entreprises, on l'a vu. Ils sont largement investis dans… la dette publique. En résumé, les Français prêtent à l'État l'argent que celui-ci emprunte pour leur verser des prestations. Les Shadoks, ces petites bêtes au comportement absurde, n'auraient pas fait mieux.

Ensuite, quand bien même une partie de ces transferts est dépensée, elle se porte malheureusement en priorité sur des produits fabriqués à l'étranger. Tout simplement parce que l'offre de produits français est lacunaire – la désindustrialisation des dernières décennies a fait des ravages – ou plus chère que les importations. Le déficit commercial français était de plus de 80 milliards d'euros en 2024. Même les services, traditionnellement locaux, s'internationalisent à notre détriment, avec l'essor de Netflix et d'Amazon. Il y a donc une déperdition importante de la dépense de consommation, qui s'envole en partie à l'étranger. En termes macro-économiques, nous sommes toujours chez les Shadoks : la dette publique française sert à faire tourner les usines chinoises et à enrichir les plateformes américaines, via les transferts aux ménages.

C'est le principal échec des quinquennats Macron que de n'avoir en rien entamé cette fatale mécanique des doubles déficits français, budgétaire et commercial, qui se nourrissent l'un l'autre sur fond de fuite des usines, du capital et des talents. Une attrition qui n'est pas compensée par le léger regain d'attractivité de la France constaté auprès des investisseurs internationaux, l'un des rares chantiers du président où il peut se prévaloir de résultats. Parce que les flux en cause, tout en étant en hausse, ne sont pas très significatifs à l'échelle d'une économie de 3 000 milliards.

Tout aussi désolante, la hausse des crédits budgétaires ne produit pas non plus d'effet spectaculaire sur la qualité des services publics. L'exemple du « Ségur de la santé » en témoigne. Ce pacte négocié au sortir du Covid alourdit la facture d'une douzaine de milliards par an, avec des revalorisations salariales qui étaient nécessaires. Mais qui n'ont été accompagnées, ni des réorganisations attendues, ni de l'allègement de la bureaucratie. Les mêmes causes produisent donc les mêmes effets, décourageant les vocations, malmenant à la fois soignants et patients. La même politique a été pratiquée à l'Éducation nationale : des augmentations réelles, sans contrepartie dans l'organisation du travail, débouchant sur une aggravation de la crise de recrutement. Quant à l'investissement public, c'est encore l'hôpital qui illustre ses échecs, si l'on en croit la Cour des comptes. Quelque 15 milliards ont été affectés au désendettement de nos hôpitaux dans la foulée du Covid. Non seulement les sommes ne sont pas toujours arrivées aux bons endroits, les hôpitaux en bonne santé relative recevant des crédits, mais rien n'a été fait pour stopper les foyers de pertes chez ceux qui en avaient besoin. On a supprimé les effets mais pas les causes. Tant et si bien que l'endettement des hôpitaux est reparti à la hausse dès l'année suivant celle du plan.

Après huit ans de présidence Macron, nous concentrons donc les ressources collectives sur l'éternel tonneau des Danaïdes français : un État qui n'a pas été réformé et des transferts aux ménages qui alimentent la production étrangère. Jamais les impôts et la dépense publique n'ont été aussi importants. L'État et la sphère publique n'ont jamais autant prospéré, au point qu'il n'y a plus un secteur qui ne dépende de subventions publiques, jusqu'aux taxis, qui tirent leur activité du transport de malades financé par la Sécurité sociale, et aux artisans du bâtiment, qui vendent des travaux de rénovation thermique des logements financés par Ma Prime Renov… 68 millions de Français, 68 millions de quasi-fonctionnaires. C'est ainsi que la dépense publique a innervé tous les secteurs de l'économie et de la vie en société. Ce qui rend désormais très difficile toute coupe budgétaire, dans un pays où tout dépend de l'État et de son chef.

Le plus étonnant, c'est que la France ait pu éviter jusqu'ici la crise financière, c'est-à-dire le retrait brutal des prêteurs, à qui nous demandons près d'un milliard d'euros par jour (300 milliards prévus sur l'année 2025). Nous tirons ainsi sans mesure sur le crédit de la zone euro, en profitant de la réputation globale des pays qui la composent, meilleure que celle de la France seule. Nous profitons aussi de la solidarité implicite des autres États membres, qui ne pourraient laisser la France s'effondrer sans prendre le risque que toute la zone euro soit entraînée dans la spirale de la crise. Ce régime de faveur nous a permis de limiter la casse. Les taux d'intérêt auxquels nous empruntons sont plus élevés que ceux de la plupart des pays voisins, y compris l'Espagne et le Portugal, et désormais similaires à ceux de la Grèce, mais il n'y a pas encore d'asphyxie. Pour combien de temps ? Nul ne peut le dire avec certitude. La seule chose qui soit certaine est que notre vulnérabilité s'est accrue, dans un environnement beaucoup plus dur, comme en témoignent les épisodes de flambée des taux d'intérêt britanniques et même américains.

Avec le recul de trente ans, on mesure qu'en réalité, la France ne s'est jamais vraiment adaptée au régime de l'union monétaire. Du temps du franc, elle compensait son intempérance budgétaire par des dévaluations régulières – un appauvrissement collectif à chaque fois, qui constituait une remise à niveau sur la réalité. Le choix de la monnaie unique laissait espérer qu'avec la suppression des dévaluations, le pays allait pratiquer une politique raisonnable, équilibrer ses comptes publics et améliorer sa compétitivité extérieure en contenant la croissance de ses coûts salariaux. Il n'en a rien été. Nous sommes passés d'une échappatoire, la dépréciation de la monnaie, à une autre, l'endettement. La période extraordinaire de taux d'intérêt à taux zéro, pendant le Covid, nous a offert un nouveau sursis, en nous permettant d'aller au-delà du raisonnable sans coût apparent. C'est fini. Le temps des ajustements réels arrive, celui des coupes budgétaires, de façon à faire correspondre nos dépenses aux possibilités offertes par une économie où la quantité de travail fournie est insuffisante, où les entraves réglementaires foisonnent, où la démographie décline.

Alors que cette nécessité nouvelle se fait pressante, un mur d'investissements se dresse devant nous. Ceux de la transition écologique et d'un chantier jusqu'ici largement oublié, l'adaptation au changement climatique. Ceux du redressement de notre système éducatif, qui part à la dérive. De la reconstruction d'une défense à la hauteur des dangers que représente une Russie agressive. Pour ne rien dire du rétablissement de l'État régalien à l'intérieur du pays, avec une police et une justice capables de faire respecter la loi. Avec sa dette qui grossit sans avoir préparé l'avenir, la France d'Emmanuel Macron est ainsi semblable à ce bûcheron du conte de Perrault qui, ayant croisé un génie qui lui offre trois vœux, les gaspille et se retrouve tout aussi pauvre qu'avant. Notre génie, c'étaient les possibilités d'endettement offertes par la stabilité collective de l'union monétaire, que nous avons gaspillées pour rembourser aux Français leur Doliprane et financer le pass Culture. Emmanuel Macron, qui s'est présenté comme le premier homme des temps nouveaux, aura été le dernier des temps anciens.

C'est la principale difficulté de la prochaine échéance présidentielle. Elle offre une chance de sortir de l'immobilisme mortifère dans lequel le pays est entravé. Mais qui dira la vérité aux Français lors de la campagne, à savoir que le redressement du pays n'est pas possible sans sacrifices importants ? Que le niveau de vie devra baisser, parce que les dernières années ont prélevé sur les ressources et asséché le crédit national, en pure perte ? Accepterons-nous cette réalité déplaisante ? Il sera diablement difficile de vendre un tel programme aux Français, tout en ouvrant une perspective autre que le simple respect des équilibres macro-économiques. Quant à faire l'impasse sur les difficultés pour tenter de poursuivre notre course folle, ce serait dangereux. Car les difficultés sont devant nous. Soit elles sont exposées avant, et acceptées au nom de l'investissement pour un futur meilleur, soit elles sont occultées mais se produiront néanmoins, avec leur cortège de désillusions et de tentations populistes, pour déclencher une fuite en avant.

Le redressement économique et budgétaire du pays est bien sûr une priorité, mais ce n'est pas le seul chantier, dans le monde de la confrontation entre les grandes puissances. Il faudra aussi rebâtir une diplomatie, après la litanie de reculs, d'échecs et d'« en même temps » que nous avons subis ces dernières années, en Indo-Pacifique, en Afrique, au Moyen-Orient. La voix de la France s'éteint lorsque la France devient faible, et se raffermit quand le pays se redresse. C'est encore une fois la loi de l'historien Paul Kennedy qui s'applique : la puissance et la santé économique se tiennent de près.

L'équation politique et économique qui nous attend pour l'après-Macron est sans doute la plus difficile depuis deux générations. La France a déjà connu des périodes d'affaissement comparables, avant 1958 notamment. En 1958, le redressement s'est effectué avec une remarquable rapidité, sans doute aidé et par la période de forte croissance que connaissait alors l'Europe, et par une dévaluation significative du franc. Nous n'aurons pas ces auxiliaires, mais là n'est pas l'essentiel. Il nous faut d'abord un homme ou une femme avec le bon diagnostic et les idées claires.

Conclusion

1815, 2025 : Reconstruire un système mondial

Les historiens l'appellent le « système de Vienne ». Cet ensemble de règles et de découpage des États a été hérité du congrès qui s'était tenu dans la capitale autrichienne en 1814 et 1815. Il a duré un siècle, mais s'est peu à peu délité. À la veille de la Première Guerre mondiale, l'esprit de concorde et le respect d'une forme de droit international inventés par les Metternich, Talleyrand et Castlereagh, géniaux négociateurs du traité de Vienne qui avaient permis en Europe un siècle sans guerre générale ont reculé sous la poussée de forces nouvelles. Et, plus encore, tout a cédé parce que le garant implicite, l'Angleterre, avait renoncé à gouverner les affaires du monde. « On vit progressivement la Grande-Bretagne se retirer des conflits et limiter son intérêt continental aux Pays-Bas, à la Belgique et au Luxembourg, comme si le reste ne méritait pas qu'elle s'engage. Tout au plus s'arma-t-elle quelquefois pour la défense des détroits. [...] L'étincelle balkanique mit le feu à la poudrière et le jeu des alliances automatiques fit le reste. Le retrait des affaires de la superpuissance eut ainsi des conséquences dramatiques[1] », note l'historien Thierry Lentz. En quelques années s'effondrèrent les empires chinois, russe, austro-hongrois, prussien, ottoman. Et les deux puissantes réalisations du congrès de Vienne, le « concert » européen du XIXe siècle et la mondialisation économique d'après 1870, volèrent en éclats.

Saurons-nous cette fois-ci éviter les conséquences dramatiques qui conduisirent à l'embrasement planétaire, alors que l'Amérique à son tour se retire des affaires du monde ? Nul doute qu'un jour ou l'autre le multilatéralisme ne reprenne ses droits, et avec lui les lointains successeurs du congrès autrichien. Mais en 1815, il avait fallu vingt-cinq ans de guerres et de révolutions pour que les plus brillants esprits du temps s'attellent à construire patiemment un nouvel ordre mondial. Il est vrai qu'ils avaient eu le loisir de mesurer le coût du désordre.

Pour l'heure, nous entrons dans la phase exactement opposée, ayant profité de l'ordre et n'en appréciant plus le prix. La liberté est-elle plus menacée qu'elle ne l'a jamais été depuis 1945, comme le déclarait Emmanuel Macron lors de son discours aux armées, en juillet dernier ? Le croire, ce serait faire peu de cas de l'arrivée des chars soviétiques à Budapest en 1956, de l'écrasement du Printemps de Prague en 1968, de celui de Solidarnosc en 1980, du fascisme en Espagne, au Portugal, en Grèce jusqu'au milieu des années 1970… Porté par son emphase, notre président a toujours tendance à oublier que le monde existait avant qu'il ne naisse. Pour autant, il est incontestable qu'une nouvelle fois, le concert international et la mondialisation se fracturent, comme avant 1914.

Pour l'Europe, l'enjeu bien sûr n'est plus du tout le même qu'il y a un siècle. D'abord parce qu'elle n'est plus le centre du monde. Ensuite parce qu'elle a approfondi et modernisé l'œuvre des Viennois, au moins aux dimensions du continent, avec le traité de Rome et ses développements. Après un tel travail, une guerre entre pays européens est proprement impensable. Les dangers d'aujourd'hui sont de tout autre nature. Il y a d'abord celui de voir les citoyens européens se tourner vers des offres politiques extrémistes, dont la séduction est puissante dans un monde de désordre. Ces extrémistes, à gauche comme à droite, s'ils identifient parfaitement les problèmes, proposent des solutions en carton-pâte. Ils précipiteraient nos pays dans une aventure coûteuse pour les libertés et notre niveau de vie. La politique du bouc émissaire, qu'il s'agisse de frapper les riches ou d'expulser les étrangers, ne peut pas avoir de résultats bénéfiques.

Leur arrivée au pouvoir n'est pas une fatalité, si les élites politiques consentent à prendre acte d'une évidence : le fait politique majeur de notre époque est la demande de protection et d'autorité, à la fois en matière régalienne et économique. C'est un changement majeur par rapport aux décennies qui précèdent, où prévalait au contraire le besoin de liberté. Lorsque le risque vital est faible et que le calme prévaut, comme durant la Grande Parenthèse de 1989-2022, le désir de liberté triomphe, et avec lui les offres politiques libérales. À l'inverse, que les dangers montent et que l'insécurité menace, et les peuples veulent de l'ordre. Cette inversion idéologique n'a pas été comprise par les partis traditionnels de gauche et de droite – elle n'a même pas été admise par leurs responsables, qui y voient l'expression d'une demande régressive, que l'on ne peut satisfaire sans contrevenir aux valeurs humanistes. Ce contresens est le carburant des populistes, à qui les élites ont abandonné le monopole de la raison. Par exemple sur la gestion des frontières. Si l'immigration n'est pas la cause de tous nos problèmes, le fait qu'une communauté nationale choisisse qui elle veut accueillir n'a rien de choquant. La politique d'immigration est un sujet politique noble. L'évolution des socialistes au Danemark est ici éclairante, et pourrait constituer un modèle pour les partis de la gauche européenne, souvent englués dans de prétendues générosité et ouverture. Un masque commode pour dissimuler leur déresponsabilisation et leur conformisme. La politique de Georgia Meloni, présidente du Conseil italien, participe, à droite, de la même évolution. Tant au Danemark qu'en Italie, l'extrême droite nationaliste a d'ailleurs été reléguée lors des derniers scrutins.

Le second danger qui menace l'Europe dans un monde sans maître tient à la fragilisation de l'Union européenne, en tant qu'institution. Il faut la réformer puissamment, d'abord en circonscrivant son action à quelques domaines clé. À titre conservatoire – et pédagogique – il faudrait décréter à Bruxelles une « année blanche », sans nouvelles lois et règles, pour faire l'audit de l'immense corpus déjà produit, l'élaguer et le simplifier. L'enjeu est élevé : on a pu mesurer le risque de l'inflation normative sur l'environnement, qui a fini par détourner les citoyens et les entreprises de l'objectif climatique, pourtant impérieux. Et par alimenter encore les populistes, qui pourfendent cette cause au nom du bon sens. Ne laissons pas aux extrémistes le bon sens comme allié.

La concentration des politiques communautaires sur un champ plus restreint ouvrirait un espace nouveau à l'intergouvernemental. Tant mieux. Ainsi la défense mérite-t-elle mieux qu'une nouvelle direction générale à la Commission. Commission qui, il y a encore quelques mois, bannissait l'armement des secteurs autorisés pour l'investissement dit « responsable ». Ce ne serait pas sérieux. Sans compter qu'une défense communautaire exclurait de facto l'une des premières forces militaires du continent, celle du Royaume-Uni, désormais hors de l'Union. Il nous faut de plus préserver ce lien politique essentiel, dans un régime démocratique, qui subordonne l'armée aux dirigeants issus d'une élection, et à eux seuls. Une défense européenne solide et crédible ne peut donc s'élaborer que dans la collaboration entre les gouvernements, au premier chef celui des quatre pays disposant d'une armée puissante ou s'apprêtant à en disposer, la France, l'Allemagne, la Pologne et le Royaume-Uni.

Pour en revenir à l'Union, le seul fait d'en restreindre les prérogatives ne suffira pas à la préserver. Elle doit, elle aussi, s'adapter aux priorités nouvelles. Protéger, en défendant ses membres dans la mêlée mondiale, plutôt qu'en pointant leurs insuffisances sur tel ou tel chapitre. Cela suppose de remettre en cause la défense du consommateur comme référence absolue, au profit de la souveraineté du continent. Par exemple en mettant sur pied des filières communes d'approvisionnement pour les produits stratégiques, plutôt qu'en interdisant les fusions visant à constituer des champions européens. Bruxelles doit prendre acte des bouleversements géopolitiques et de l'inversion idéologique, faute de quoi l'union sera balayée. Non pas par Poutine ou par Trump, mais par les Européens eux-mêmes.

Reste la France. Comme nous l'avons dit plus haut, les crises françaises sont largement auto-infligées, tant sur la politique que sur le budget. L'actuel président de la République est semblable au Mickey de *L'Apprenti sorcier*, inondé puis noyé par les débordements imprévus d'une cuisine mal maîtrisée qui finissent par emporter la maison dans un fleuve tempétueux. L'illusionnisme n'est pas une politique. Sous des dehors réformistes, la présidence Macron a conforté nos travers, celui du double déficit budgétaire et commercial, de la progression de la redistribution au détriment de l'État régalien, de l'étatisation et la surréglementation.

Au mieux, la fin de ce quinquennat sera une période d'immobilisme ponctuée de longs discours, de dîners de gala à Versailles et de commémorations de plus en plus vides de sens au regard de l'État du pays. Seule l'élection du président, clé de voûte du système politique et institutionnel français, peut dégager l'horizon. Il nous faut ronger notre frein d'ici là. L'élection présidentielle ne suffira pourtant pas à elle seule. Il faudra qu'elle soit suivie de législatives conclusives, donnant au premier magistrat du pays une majorité pour agir.

Au cœur de la crise française, notre contrat social a besoin d'être reformulé. Tant pour les retraites et la santé que pour les autres politiques de redistribution, il s'agit de faire un nouveau partage entre le risque individuel et celui qui est porté par la collectivité. Afin bien sûr d'en répartir différemment le coût, pour alléger la charge du budget national, quitte à faire varier les contributions individuelles en fonction des moyens financiers du foyer. Faute de cela, comme le disait à raison l'ancien ministre des Finances Bruno Le Maire, il n'y aura pas de redressement budgétaire solide. Ce qui nous condamnerait au déclassement économique et diplomatique. Il nous faut regarder la réalité : notre modèle social, le totem français, élément clé de l'identité nationale, est en train d'entraîner le pays par le fond. À la fois par le coût qu'il facture à la collectivité et par les incitations insuffisantes au travail qu'il envoie.

Lorsqu'elle avait été créée, au sortir de la Seconde Guerre mondiale, cette couverture sociale avait une étendue bien moindre, et elle profitait de ressources solides, grâce à la démographie favorable, à la croissance des Trente Glorieuses. À mesure qu'elle s'est développée sous l'effet d'une demande inextinguible, la protection sociale et ses déficits ont été financés par des expédients. Les dévaluations du franc tout d'abord, qui permettaient l'« euthanasie des rentiers », c'est-à-dire celle des épargnants, pour reprendre la célèbre expression de Keynes. La baisse des budgets militaires ensuite, grâce à la détente. En 1953, les dépenses militaires françaises comptaient pour 7,5 % du PIB, soit 225 milliards d'euros d'aujourd'hui, plus de quatre fois le montant budgété en 2025. L'endettement enfin, depuis que l'union monétaire a interdit les dévaluations. Nous sommes aujourd'hui au bout de cette litanie de fausses solutions. Car les marchés financiers, prêteurs de l'argent dont nous avons besoin, s'alarment de la dégradation récente de nos comptes publics, au point de nous facturer leurs services plus cher que ce qu'ils demandent à l'Espagne, au Portugal et même à la Grèce.

Or, le temps des colonies ne reviendra pas. La natalité ne se redressera pas au niveau des années 1960. Les budgets militaires ne baisseront pas, ils vont au contraire augmenter. La dévaluation et l'endettement supplémentaires sont interdits : c'est l'impasse. Seuls subsistent ce que les économistes appellent les ajustements réels.

Certes, on pourrait concevoir un programme électoral plus séduisant, pour la prochaine présidentielle, que celui portant ces ajustements. Surtout dans une France de plus en plus oublieuse des réalités économiques, et entretenue dans cette insouciance par une partie de la classe politique, largement irresponsable. La dernière livraison des programmes électoraux, lors des législatives qui suivirent la dissolution de juin 2024, illustrait fort bien ce déni de réalité, en multipliant les projets de dépenses nouvelles et d'impôts baroques. Comment alors trouver un chemin qui permette de régler nos problèmes tout en offrant une perspective, celle de retrouver les marges pour investir et défendre les couleurs du pays dans ce monde turbulent, et de rétablir ainsi notre influence internationale ? Il y a des précédents heureux, le plus fameux dans la période récente étant celui de 1958, où la France s'est rétablie en quelques mois, sous l'effet de quelques principes simples. Certes, sous l'autorité d'un chef de guerre, ce qui n'est pas possible aujourd'hui.

Mais la situation n'est pas si noire. En 1958, l'alliée du général de Gaulle avait été, outre la crise de financement d'un État effondré, la lassitude des Français vis-à-vis d'un régime à bout de souffle qui, à l'exception de Mendès France, avait laissé les problèmes s'accumuler et s'était perdu en querelles politiques impénétrables. Nous n'en sommes pas très loin.

Vivement demain.

Notes

I

1

1. *Les Conséquences économiques de la paix*, J.-M. Keynes, trad. de l'anglais par Paul Franck, Collection Blanche, Gallimard, 1920.
2. *Les Conséquences économiques de la paix*, J.-M. Keynes, *op. cit.*
3. "Russia's fears over ex-Soviet nations laid bare in leaked paper", *Financial Times*, 10 février 2025.

2

1. *Introduction à la lecture de Hegel*, Alexandre Kojève, Paris, Gallimard/Tel, 1979.
2. *Naissance et déclin des grandes puissances. Transformations économiques et conflits militaires entre 1500 et 2000*, Paul Kennedy, Paris, Payot, 2004.
3. *Naissance et déclin des grandes puissances*, Paul Kennedy, *op. cit.*

3

1. Site de l'université de Gröningen. https://www.rug.nl/ggdc/historicaldevelopment/maddison/original-maddison
2. *Why Empires Fall : Rome, America and the Future of the West*, Peter Heather et John Rapley, Yale University Press, 2023.
3. « 'Chimerica' and the Global Asset Market Boom », Niall Ferguson et Moritz Schularick, *International Finance*, vol. 10, no 3, décembre 2007, p. 215-239.

4. *The Return of History and the End of Dreams*, Robert Kagan, Knopf, 2009.

4

1. *Les Routes de la soie : l'histoire au cœur du monde*, Peter Frankopan, trad. par Guillaume Villeneuve, Flammarion, Champs Histoire, 2019.
2. *La Civilisation à l'épreuve*, Arnold J. Toynbee, trad. de l'anglais par Renée Villoteau, Collection « Bibliothèque des idées », Gallimard NRF, 1951.
3. "Spain calls for EU to forge China policy without US", *Financial Times*, 24 février 2025.
4. *La Civilisation à l'épreuve*, Arnold J. Toynbee, *op. cit.*

5

1. *Vers la guerre : la Chine et l'Amérique dans le piège de Thucydide ?*, Graham Allison, traduit par Patrick Hersant et Sylvie Kleiman-Lafon, Odile Jacob, 2019.

6

1. *Rogue Superpower : Why This Could Be an Illiberal American Century*, Michael Beckley, Foreign Affairs, vol. 99, issue 6, Nov/dec 2020, p. 73-87.
2. « The Debt-Deflation Theory of Great Depressions », Irving Fisher, *Econometrica*, 1933.

7

1. *Rogue Superpower*, Michael Beckley, *op. cit.*

II

9

1. “Shipowners switch to smaller vessels as world trade reroutes from China”, Oliver Telling and Chan Ho-him, *Financial Times*, 2 janvier 2025.
2. “‘That is Maganomics’, where Trump is taking America on Trade”, Gillian Tett, *Financial Times*, 4 janvier 2025.
3. Paul Samuelson, cité dans : *La Fin de la mondialisation*, François Lenglet, Fayard, 2010.
4. Dani Rodrik, *The Globalization Paradox : Democracy and the Future of the World Economy*, W. W. Norton and Company, 2012.

10

1. “Shock Therapy For Multilateralism”, Harold James, Project Syndicate, 2 janvier 2025.

11

1. “China’s New Vassal : How the War in Ukraine Turned Moscow Into Beijing’s Junior Partner”, Alexander Gabuev, *Foreign Affairs*, août 2022.
2. “Why Trump can’t build iPhones in the US”, FT reporters, *Financial Times*, 28 avril 2025.

12

1. “A Mar-a-Lago Accord Could Break the Dollar”, Harold James, project Syndicate, 8 mai 2025.
2. “The battle for the global payments system is under way”, Martin Sandbu, *Financial Times*, 6 avril 2025.

III

14

1. Ces chiffres, ainsi que la plupart de ceux qui suivent, sont tirés du rapport « The future of European competitiveness », de l'ancien président de la banque centrale européenne et ancien président du Conseil italien Mario Draghi.

15

1. "Rogue superpower. Why This Could Be an Illiberal American Century", Michael Beckley, *Foreign Affairs*, novembre-décembre, 2020.

16

1. « Chaque français dispose d'un mois de revenu supplémentaire grâce aux déficits publics », Jean-Pierre Robin, *Le Figaro*, 6 juin 2024.

Conclusion

1. *Le Congrès de Vienne*, Thierry Lentz, Perrin, coll. Tempus, 2015.

Table des matières

PARTIE III
Quelles chances pour la France et l'Europe ?

Pour en savoir plus
sur les Éditions Plon
(catalogue, auteurs, vidéos, actualités...),
vous pouvez consulter
www.plon.fr
www.lisez.com

et nous suivre sur les réseaux sociaux

Editions Plon

@EditionsPlon

@editionsplon

Pour plus d'information :

www.lisez.com

Imprimé sur du papier issu de forêts gérées durablement.

CET OUVRAGE A ÉTÉ ACHEVÉ D'IMPRIMER SUR ROTO-PAGE
PAR L'IMPRIMERIE FLOCH À MAYENNE EN SEPTEMBRE 2025

N° d'impression : 107639
N° d'édition : P32359/01
Imprimé en France